Monika Mandelartz

Sternenklang

Band 1

Vorwort

„Sternenklang - Mein Lehrbuch zur Harfe“ für Kinder im Grundschulalter basiert auf einem methodischen Konzept, welches ich hier kurz vorstellen möchte.

1. Die richtige Harfe
2. Die Spieltechnik
3. Notenlesen, wie beginnen?
4. Singen fördert das Lernen
5. Das Gefühl für den Rhythmus

Welche Harfe ist die richtige?
Harfen gibt es in verschiedenen Größen und mit verschiedenen Tonumfängen.
Für den Beginn wird ausdrücklich eine kleine Harfe empfohlen. Die Musikstücke aus „Sternenklang“ benötigen den Tonumfang f-c''' (= 19 Saiten).
Eine solche kleine Harfe könnte ein Instrument aus dem Mittelalter sein, von der Bauart eine romanische oder gotische Harfe. Die genannten Harfen sind, nach meiner Erfahrung, für Kinder ausgezeichnet geeignet, da sie ein sehr geringes Gewicht aufweisen.
Solche Instrumente sind Liederharfen; sie sind vorzüglich dazu geeignet, Melodien zu spielen. Zwar sind Melodien einstimmig, jedoch erfährt das Melodiespiel auf der Harfe durch die zuvor gespielten, nachklingenden Saiten dennoch eine Mehrstimmigkeit.

Zur Spieltechnik
Im Laufe der Zeit habe ich eine besondere Spieltechnik entwickelt, bei der sich beide Hände im Spiel abwechseln. Auf diese Weise wird sowohl ein schneller Spielfluss als auch ein langes Nachklingen der Saiten ermöglicht.
Begonnen wird mit dem Zeigefinger beider Hände. Wenig später kommt der Mittelfinger hinzu.
Auf Basis weniger grundlegender Spieltechniken kann so schon eine große Anzahl von Liedern gespielt werden. Der Daumen wird im ersten Band völlig ausgespart. Auf diese Weise hat der Schüler die Chance, in entspannter Handhaltung zu spielen, und mit Hilfe seines Lehrers die richtige Position zum Abspielen zu finden. Insgesamt ist dies ein hervorragendes Training für Kopf und Finger. Im zweiten Band wird der Einsatz des Daumens eingeführt, im dritten Band folgen klassische Spieltechniken wie Dreiklänge, Dreierklammern, Viererklammer, etc.
Nach dem Durcharbeiten von „Sternenklang“ hat der Schüler ein schönes Repertoire von 150 Spielstücken, allesamt spielbar auf 19 Saiten. Das ist bereits ein beachtlicher Erfolg! Hiernach stehen dem Schüler alle stilistischen Wege offen, sei es das Spiel auf der modernen keltischen Harfe, auf Einfach- oder Doppelpedalharfe oder auf den verschiedenen Typen der historischen Harfen.

Noten lesen ja oder nein?
Grundsätzlich ist es für jeden Schüler wichtig, Noten lesen zu können! Aus meiner Erfahrung heraus empfiehlt sich darüber hinaus ein Spielen nach Gehör. Lieder zu singen und durch Vor- und Nachspielen auf die Harfe zu übertragen, fördert einen guten

Spielfluss und musikalisches Vorstellungsvermögen. Das Lerntempo wird auf diese Weise nicht vom Lesetempo bestimmt, sondern allein von den motorischen und musikalischen Fähigkeiten des Schülers auf seiner Harfe – und diese sind oft erstaunlich hoch.
Das Lesen der Noten dient zunächst als Erinnerungshilfe und wird im Laufe der Zeit immer mehr Raum einnehmen.

Singen ist wichtig!
Singen ist die Grundlage allen Musizierens. Kinder haben entwicklungsbedingt den Fokus auf Melodien gerichtet, weniger auf das Begleiten. Ein Lied zunächst zu singen, um es dann auf die Harfe zu übertragen – es dabei mitzusingen, laut oder leise im Kopf – macht Freude und fördert ganz allgemein die musikalische Vorstellungskraft. Mit zunehmenden Alter werden Begleitungen wichtiger: Lieder werden gesungen und mit Basstönen oder Dreiklängen begleitet.

Gefühl für Rhythmus
Das Gefühl für den Rhythmus ergibt sich ganz natürlich aus dem Singen, wobei Liedtext und Melodie ganzheitlich erfasst werden. Eine punktierte Note oder eine Achtelnote können auch dann schon korrekt gespielt werden, wenn sie als rhythmische Einheit noch nicht erklärt wurden. Das bedeutet nicht, dass die Erklärung grundsätzlich ausbleibt, sondern gibt dem Lehrer die Freiheit, Rhythmik zu praktizieren, sie aber erst zu einem späteren Zeitpunkt zu erklären.

Transponieren
Alle Lieder in Band 1 können auch um eine Quinte höher (bzw. eine Quarte tiefer) gespielt werden ohne dass Vorzeichen hinzu kommen. Lieder, die beispielsweise mit c beginnen, beginnen dann mit g. Auf diese Weise singt man in einer für kindliche Stimmen angenehmeren Stimmlage.

Liebe Schülerin, lieber Schüler,
euch wünsche ich einen guten Start mit der Harfe!

Monika Mandelartz
(Hamburg, Oktober 2019)

Coverbild und Zeichnungen: Henrike Lehmann
Layout: Julietta Fricke
Foto: Volker Hallwaß

Impressum:
Mandelartz, Monika: Sternenklang - Mein Lehrbuch zur Harfe, Band 1
EAN: 9783864111495
Verlagsnummer: SM 11149

Alle Lieder dieses Buches

1. Sternenhimmel
2. Ade, auf Wiedersehen
3. Die Feuerwehr
4. Geläut
5. Die Katz' ist krank
6. Wir gehen zum Tanzball
7. Große Uhren
8. Hört ihr die Drescher?
9. The Trumpets
10. Die Katze im Schnee
11. Quiz
12. Kuckuck
13. Stadtmaus und Landmäuserich
14. Froschkönig
15. Atte Katte Nuwa
16. Wir haben Hunger
17. Wasserfall
18. Blümchen blau
19. Eine kleine Geige
20. Kirschen pflücken
21. Schabernack
22. Hänschen klein
23. Mary Had a Little Lamb
24. Ich bin kein Freund von Traurigkeit
25. Froschkönig
26. Burgfest
27. Dornröschen
28. Laterne
29. Old MacDonald
30. McLamont
31. Lasst uns froh und munter sein
32. Zum neuen Jahr
33. Kumba yah
34. Diddle, diddle
35. Stand ein Birkenbaum
36. Oh When the Saints
37. Biene
38. Taler, Taler
39. Alle Vögel sind schon da
40. Nebel
41. Billy the Kid
42. Ah! Vous diray-je
43. Meditation
44. Woe Betyde Thy Wearie Bodie
45. Guten Morgen
46. Kommt, ihr G'Spielen
47. Weißt du wie viel Sternlein stehen
48. Und in dem Schneegebirge
49. One Little Copper
50. The Keeper

Saiten und Töne

Hier siehst du ein Instrument, ganz ähnlich dem deinen.

Auf den Saiten kann man die Tonleiter spielen.
Wir spielen die Tonleiter ab dem C (das ist die rotgefäbte Saite) zum nächsten C (ebenfalls wieder rot).
Es sind 8 Töne mit den Namen

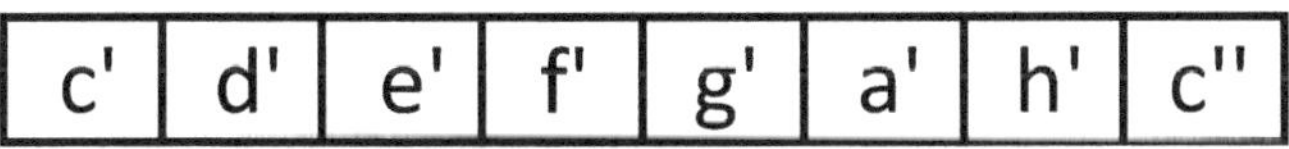

c'	d'	e'	f'	g'	a'	h'	c''

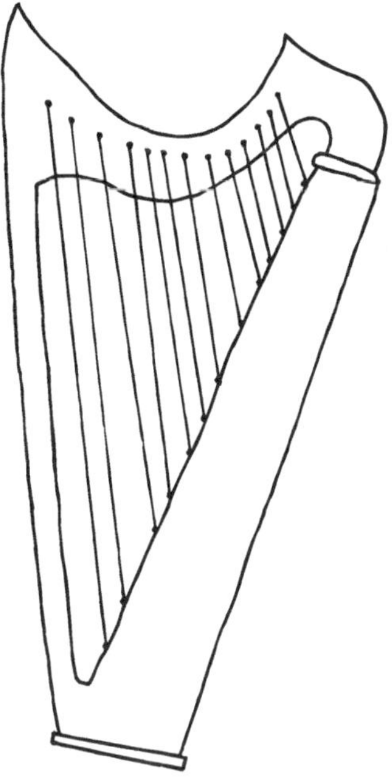

Man nennt sie auch die C-Dur Tonleiter.

Wie du sicher schon bemerkt hast, gibt es noch eine andere farbige Saite, welche blau ist. Blau ist immer F.
Die roten und blauen Saiten bringen Orientierung.
Male die Kästchen mit den Tönen c und f rot und blau aus.

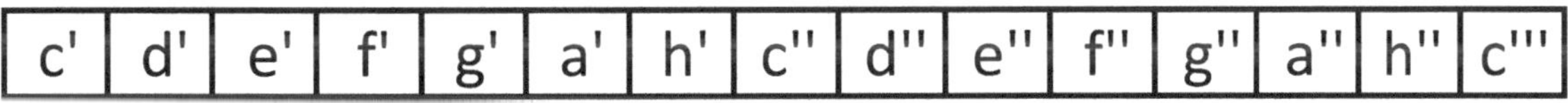

c'	d'	e'	f'	g'	a'	h'	c''	d''	e''	f''	g''	a''	h''	c'''

Oberhalb der Tonleiter geht es dann in die nächsthöhere Oktave. Die Tonleiter wiederholt sich, aber die Töne sind jetzt höher.

Wenn ich weit entfernt anfange und zu mir hin spiele, so werden die Töne höher – wenn ich vom Körper weg spiele, dann werden die Töne immer tiefer.

Um zu unterscheiden, welches c man spielt, kann man hinter den Notennamen hochgestellte Kommata setzen.
Man sagt: eingestrichenes c′, zweigestrichenes c′′. Der höchste Ton auf deiner Harfe ist das dreigestrichene c′′′.
Das c unter dem eingestrichenen c ist das kleine c, darunter liegt das große C.

Nach diesem kurzen Überlick wollen wir aber nun endlich spielen.

Einzelanschläge mit dem 2. Finger

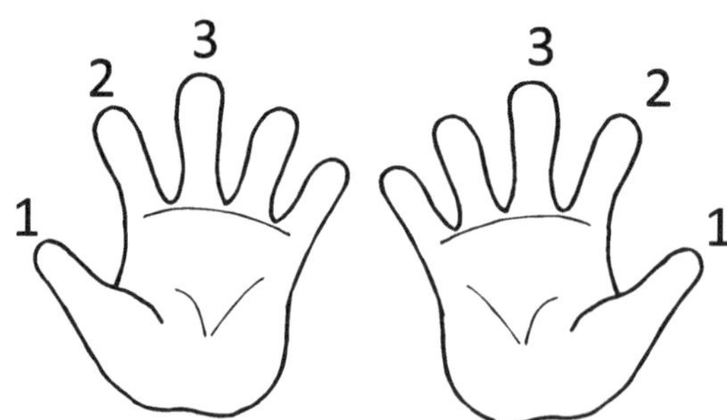

Jetzt möchte ich dir zeigen, wie die Saiten angeschlagen werden.
Wir beginnen mit den Zeigefindern der linken und der rechten Hand.
Doch welche Hand fängt an?
Beachte hierzu das Symbol „schwarze Hand“ über den Noten.
Ist die linke Hand schwarz, so beginne mit links.

Vier Spielmuster

Spiele die Spielmuster über die ganze Harfe mit allen Saiten.

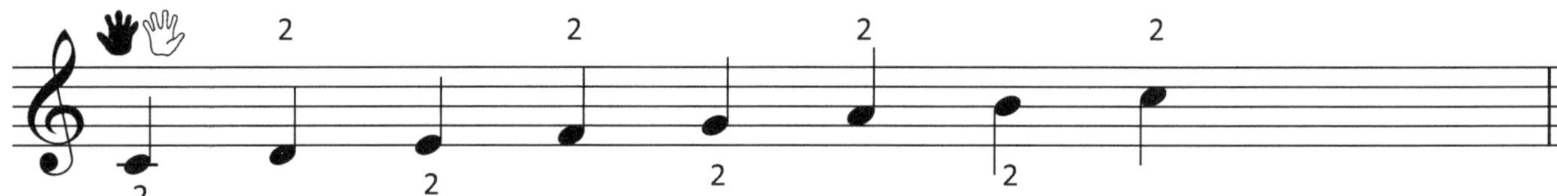

Ist die rechte Hand schwarz, so beginne mit rechts.

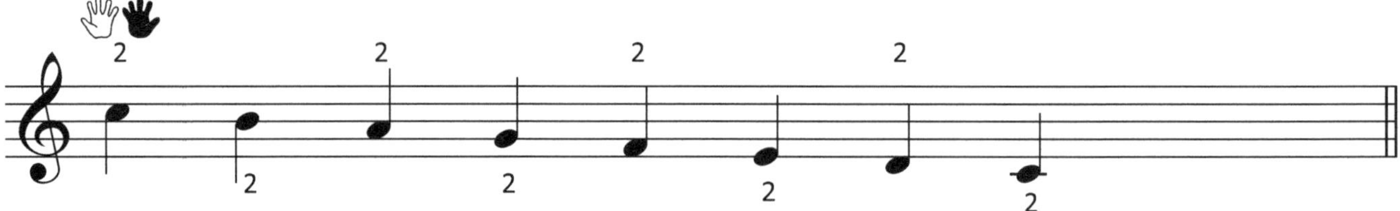

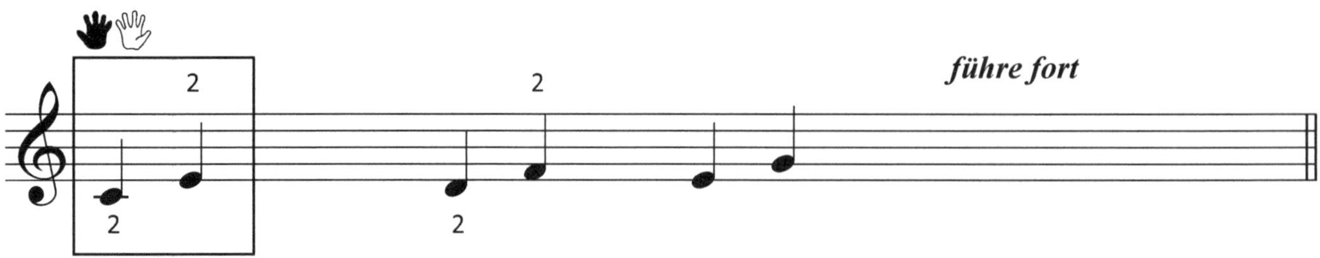

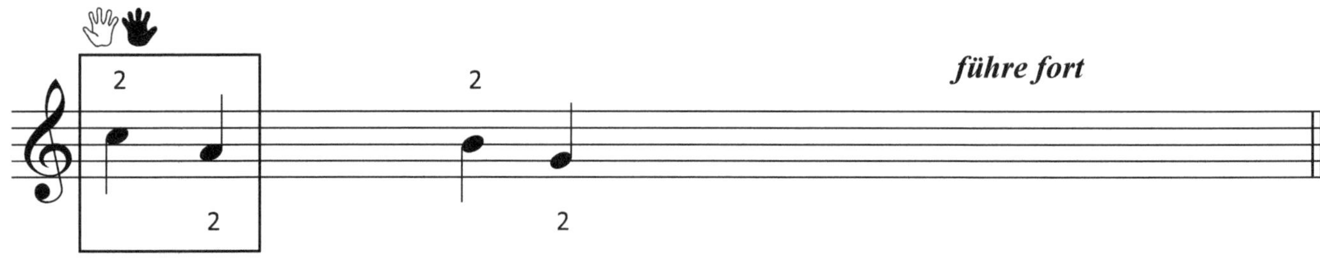

Oktave

Spiele einmal alle C-Saiten (rote Saiten) auf deiner Harfe. Merkst du, dass sie zwar höher und tiefer klingen aber irgendwie auch gleich? Mehrere C verschmelzen zu einem reinen Klang. Wenn zwei Töne genau acht Töne auseinanderliegen, nennt man diesen Klang Oktave (griechisch octō = acht).

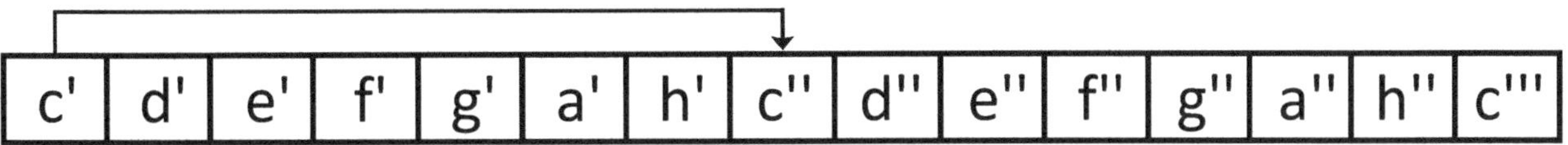

Das *Ottavazeichen über der Note* bedeutet: eine Oktave höher spielen.

8va- - - - - - -|

Das *Ottavazeichen unter der Note* bedeutet: eine Oktave tiefer spielen.

8_{vb}_ _ _ _ _ _ _ _ _|

Einer spielt gleichnamige Saiten (Oktaven) und plötzlich einen falschen Ton. Wer den falschen Ton hört, ruft „knorrx".

Erfinde Klangstücke mit Oktaven:

- [ ] Im Zauberwald
- [ ] Bärentanz
- [ ] Regentropfen
- [ ] Gebirgsbach
- [ ] Feentanz
- [ ] Wenn der Riese Walzer tanzt

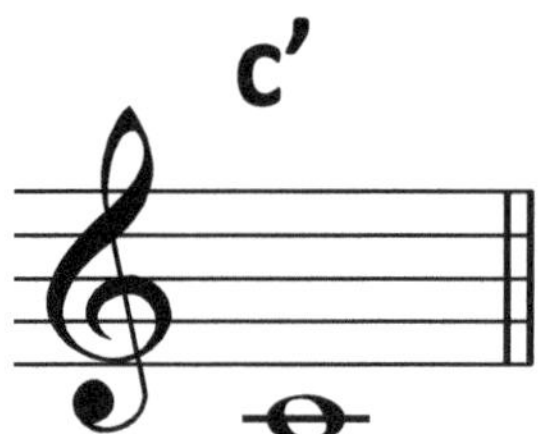

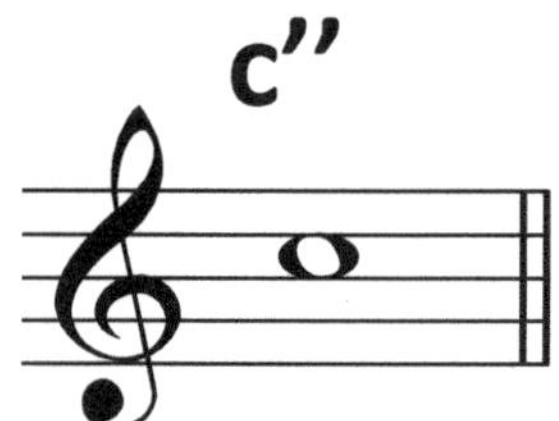

1. Sternenhimmel

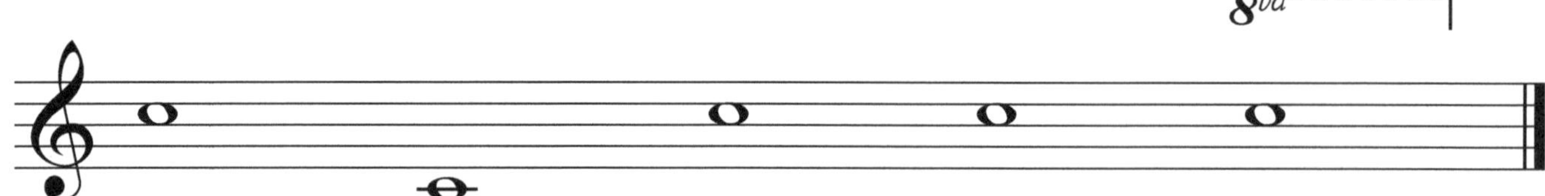

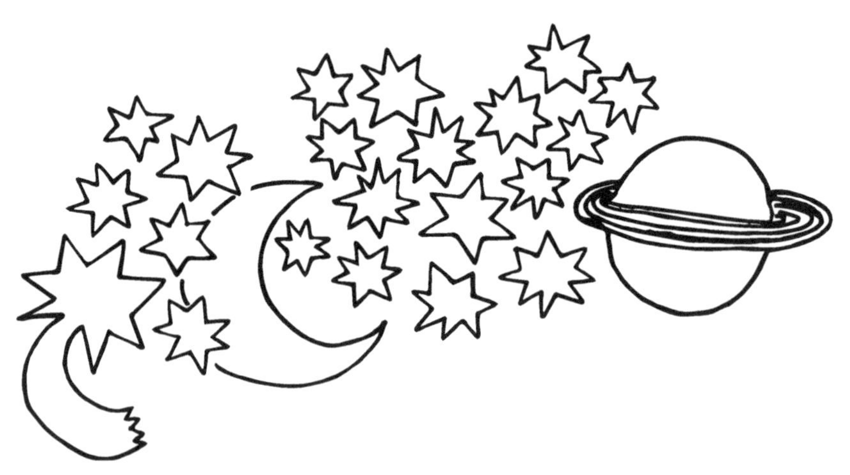

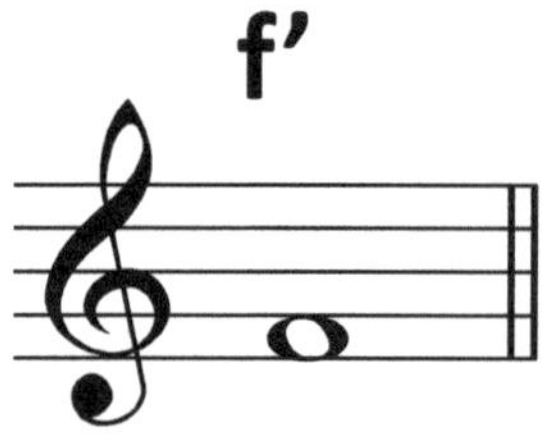

2. Ade, auf Wiedersehn

MM

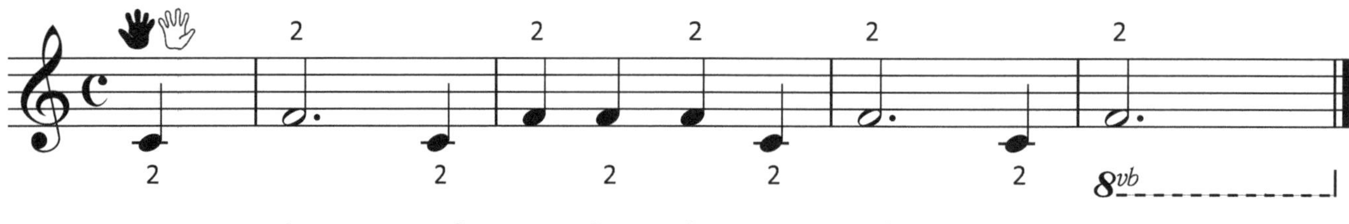

3. Die Feuerwehr

MM

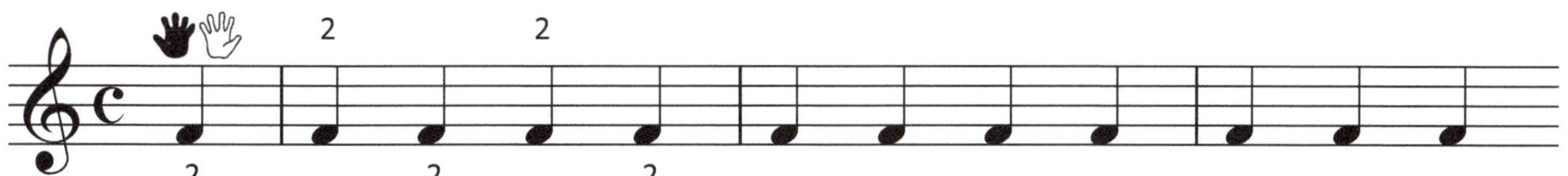

Die Feu - er - wehr, die hat es schwer im Stadt - ver - kehr:

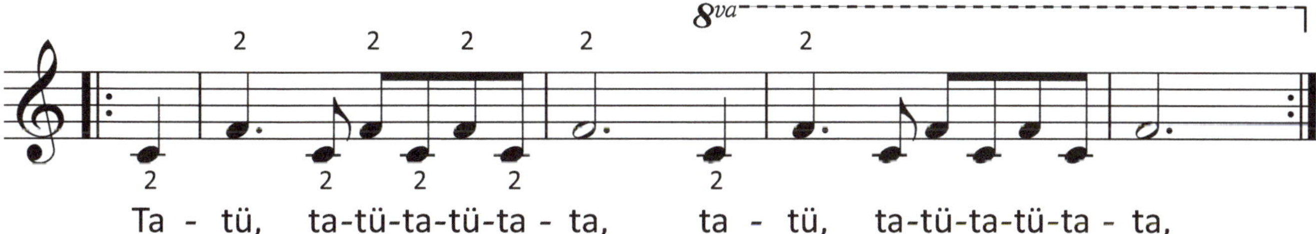

Ta - tü, ta-tü-ta-tü-ta - ta, ta - tü, ta-tü-ta-tü-ta - ta,

Das *Wiederholungszeichen* bedeutet: noch einmal spielen.

‖: :‖

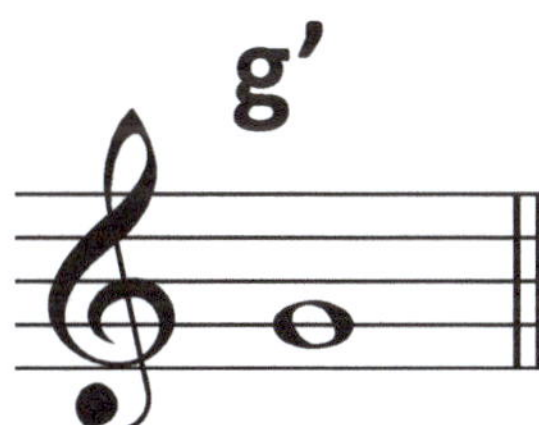

4. Geläut

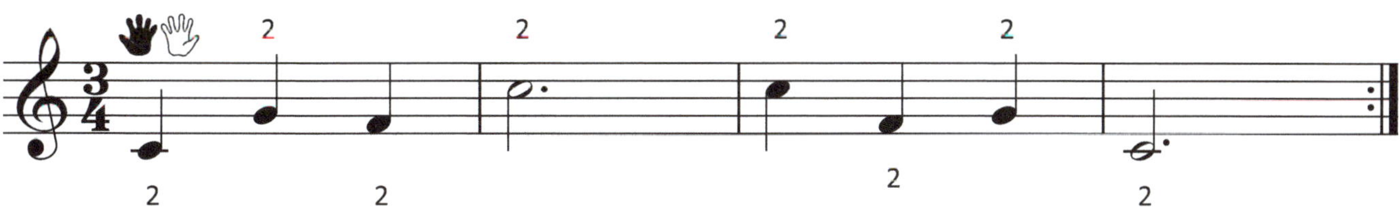

5. Die Katz' ist krank

MM

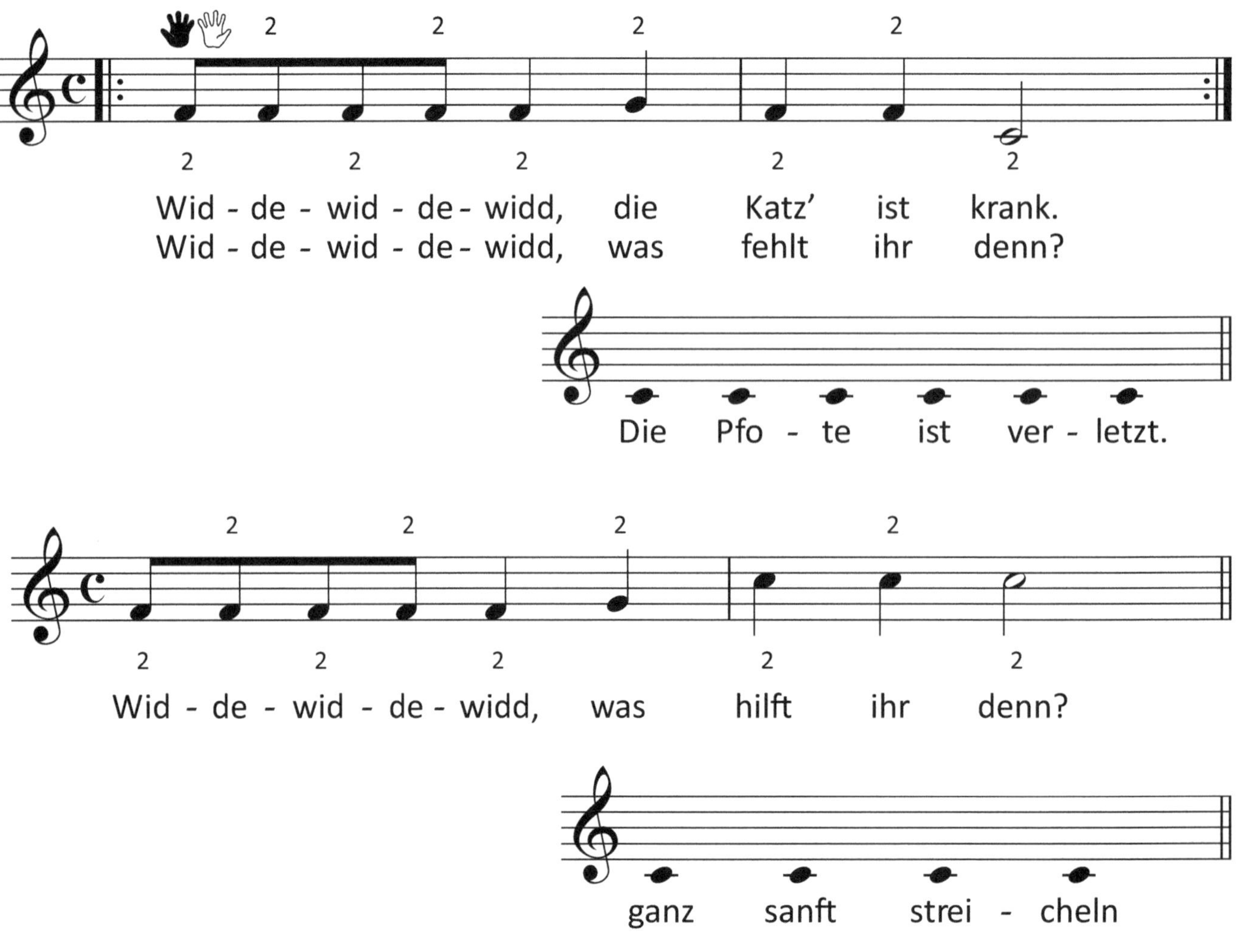

Was könnte der Katze noch fehlen?
Und welche Medizin hilft ihr?

6. Wir gehen zum Tanzball

MM

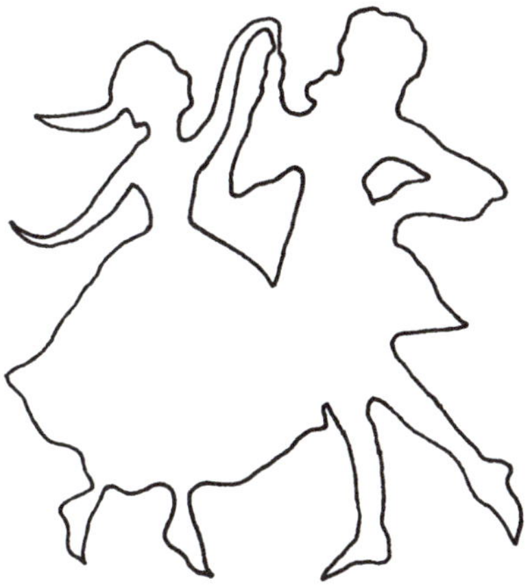

1. Spieler

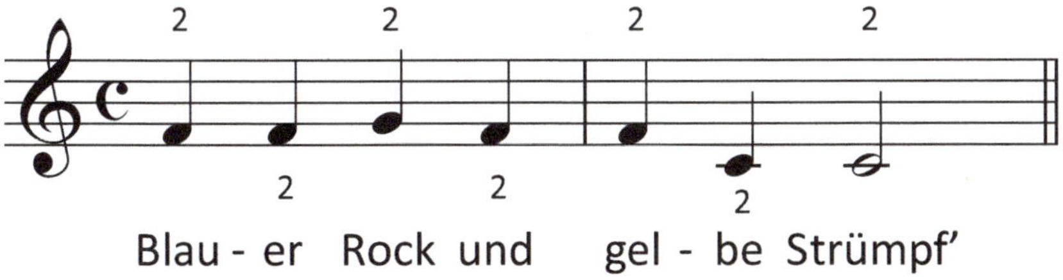

Blau - er Rock und gel - be Strümpf'

2. Spieler

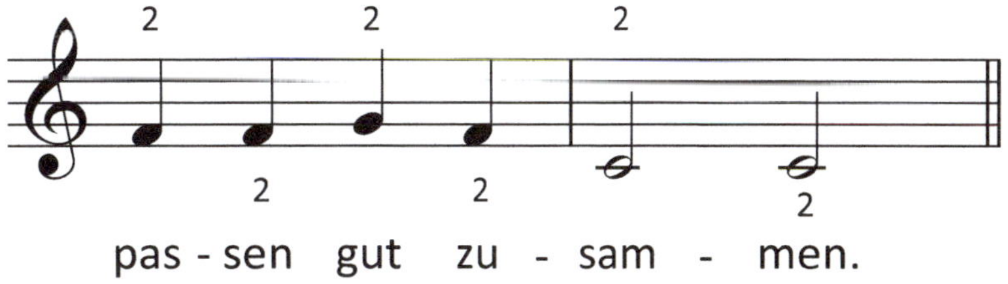

pas - sen gut zu - sam - men.

1. Spieler

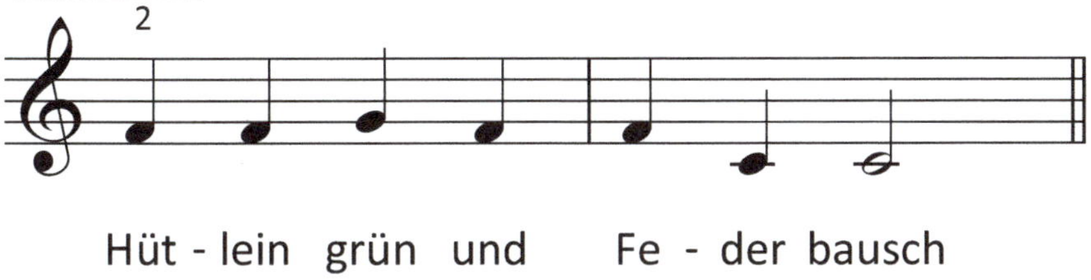

Hüt - lein grün und Fe - der bausch

2. Spieler

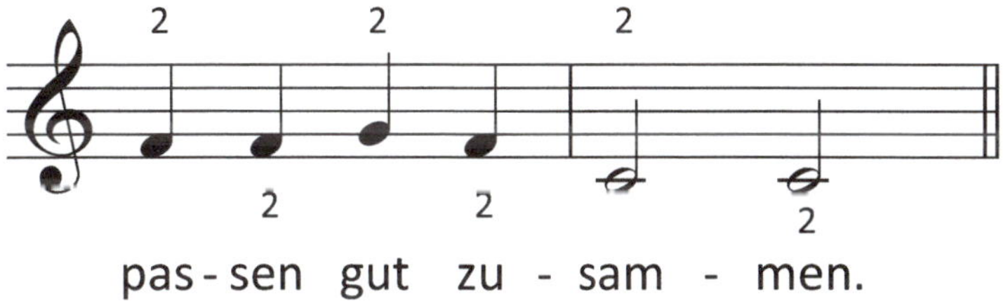

pas - sen gut zu - sam - men.

tutti

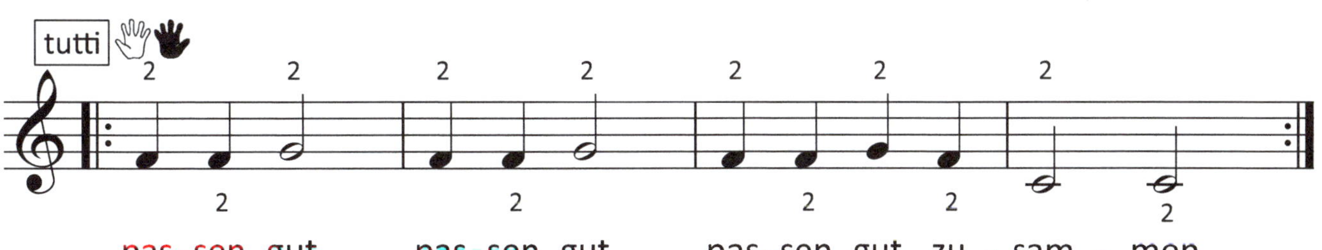

pas - sen gut, pas - sen gut, pas - sen gut zu - sam - men.

2. Schwarze Hose und nen' Hemd
passen gut zusammen.
Ringelstreifen, Seidenschal
passen gut zusammen.

Tutti bedeutet, dass alle spielen.

e'

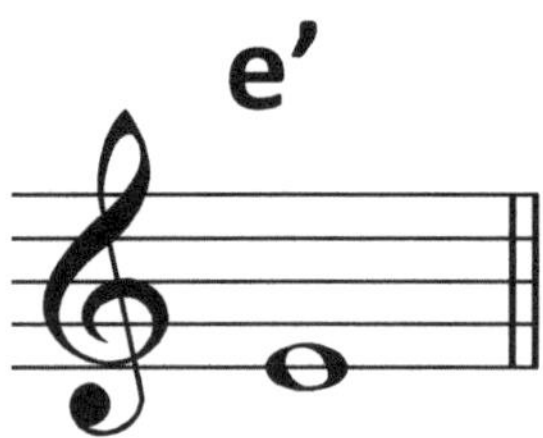

7. Große Uhren

Volkslied

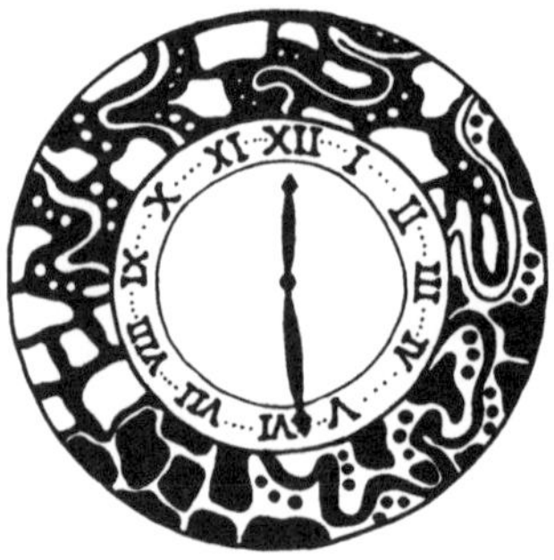

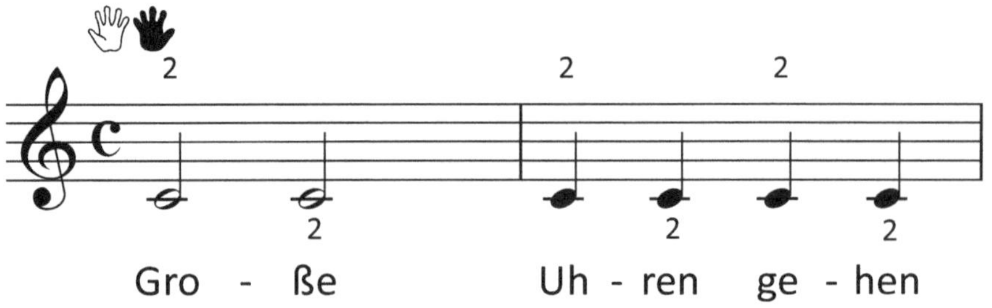

Gro - ße Uh - ren ge - hen

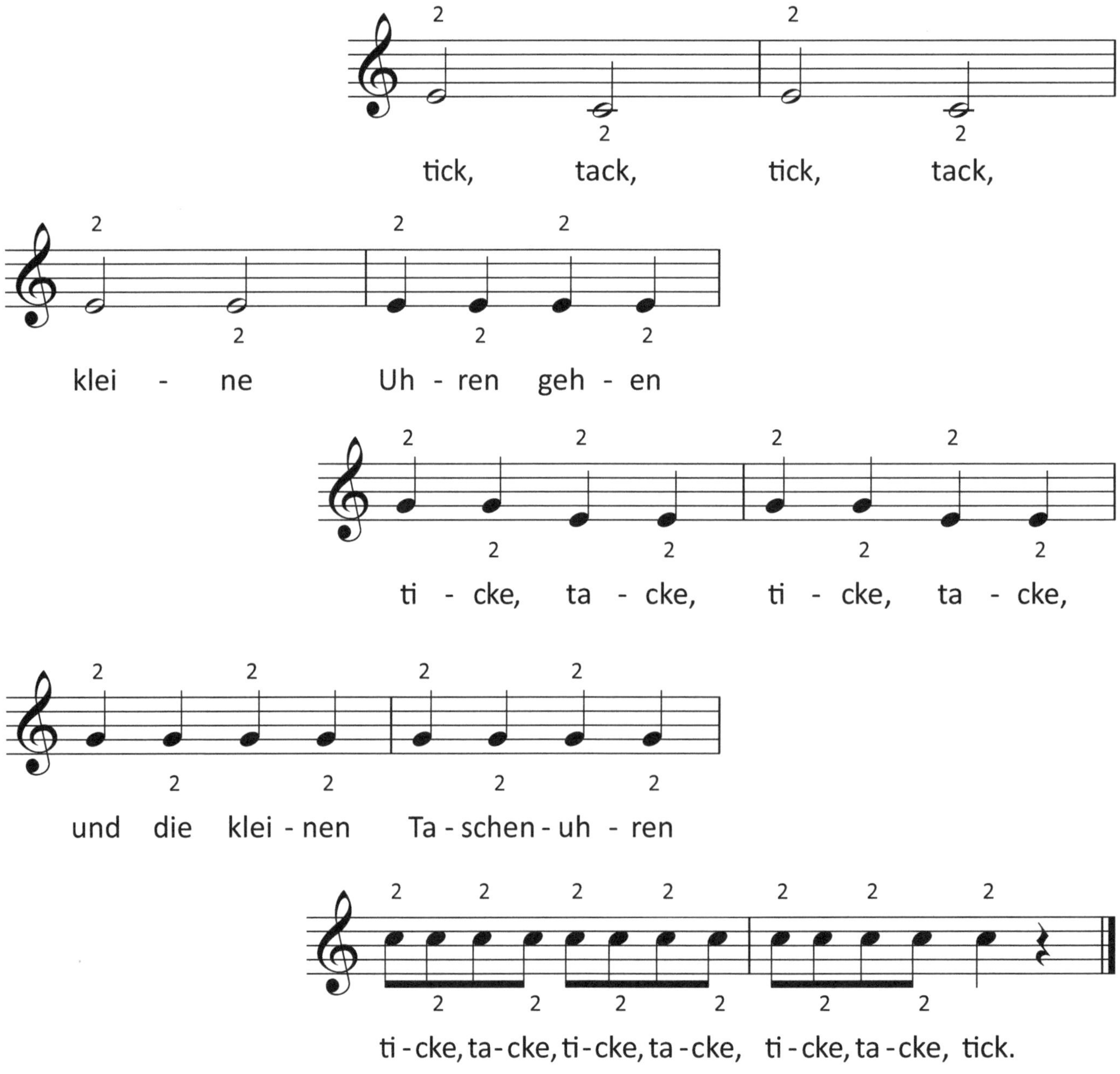

tick, tack, tick, tack,

klei - ne Uh - ren geh - en

ti - cke, ta - cke, ti - cke, ta - cke,

und die klei - nen Ta - schen - uh - ren

ti - cke, ta - cke, ti - cke, ta - cke, ti - cke, ta - cke, tick.

Wechselanschlag

Beim Wechselanschlag werden zwei Töne wiederholt. Es spielt zuerst der Mittelfinger (3. Finger), dann folgt der Zeigefinger (2. Finger) der gleichen Hand.

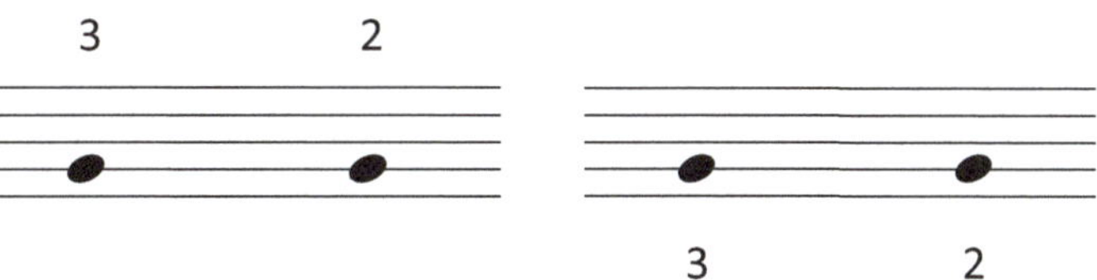

8. Hört ihr die Drescher?

Volkslied

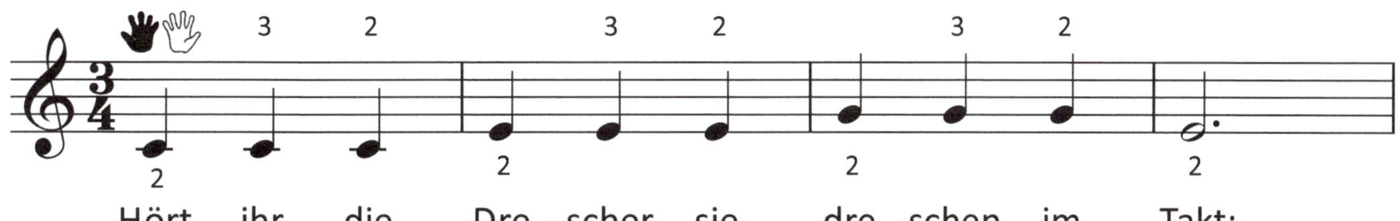

Hört ihr die Dre - scher, sie dre - schen im Takt:

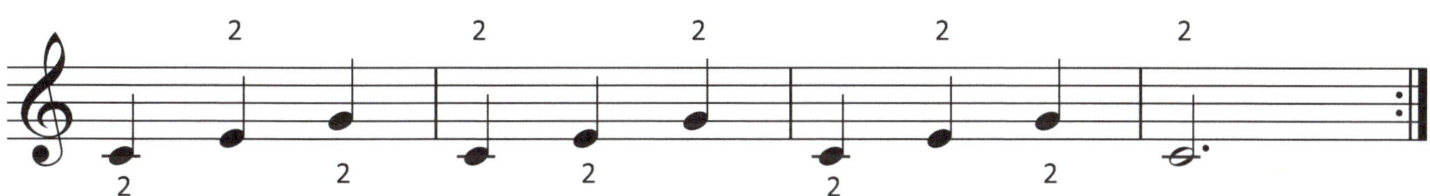

klipp, klapp, klapp, klipp, klapp, klapp, klipp, klapp, klapp, klapp!

9. The Trumpets

aus England

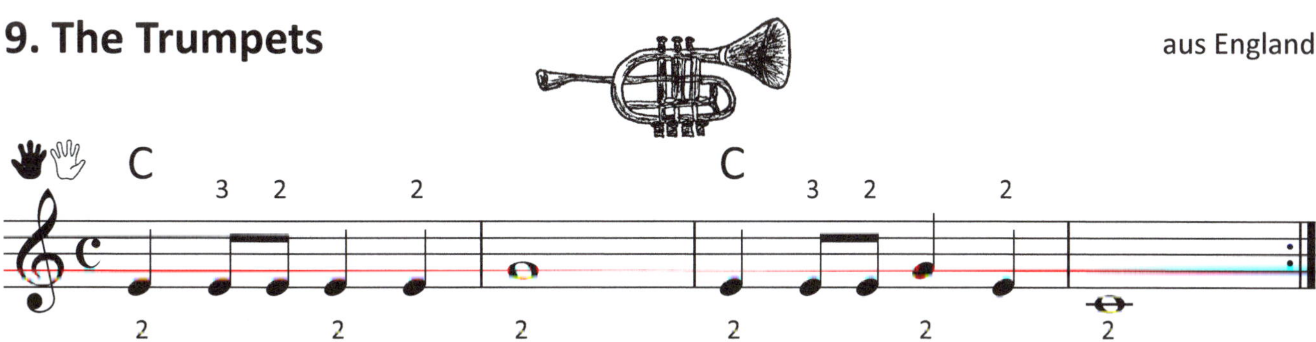

Die großen Buchstaben über den Noten sind die Symbole für eine Liedbegleitung. Diese Begleittöne werden auf tiefen Seiten gespielt. Jeder Begleitton kann so oft wiederholt werden, bis ein neuer Ton dort steht. Ein fortgeschrittener Spieler ergänzt diese Grundtöne zu Harmonien (siehe dazu Band 2).

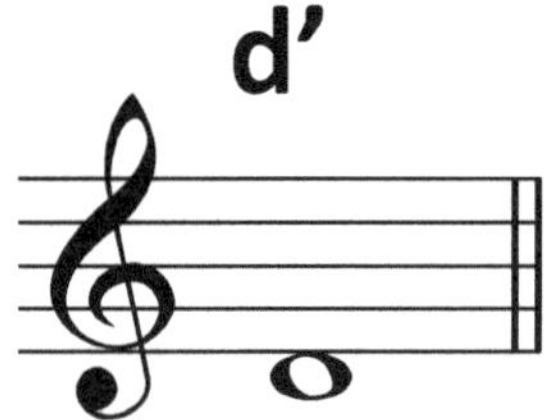

10. Die Katze im Schnee

nach einem Volkslied

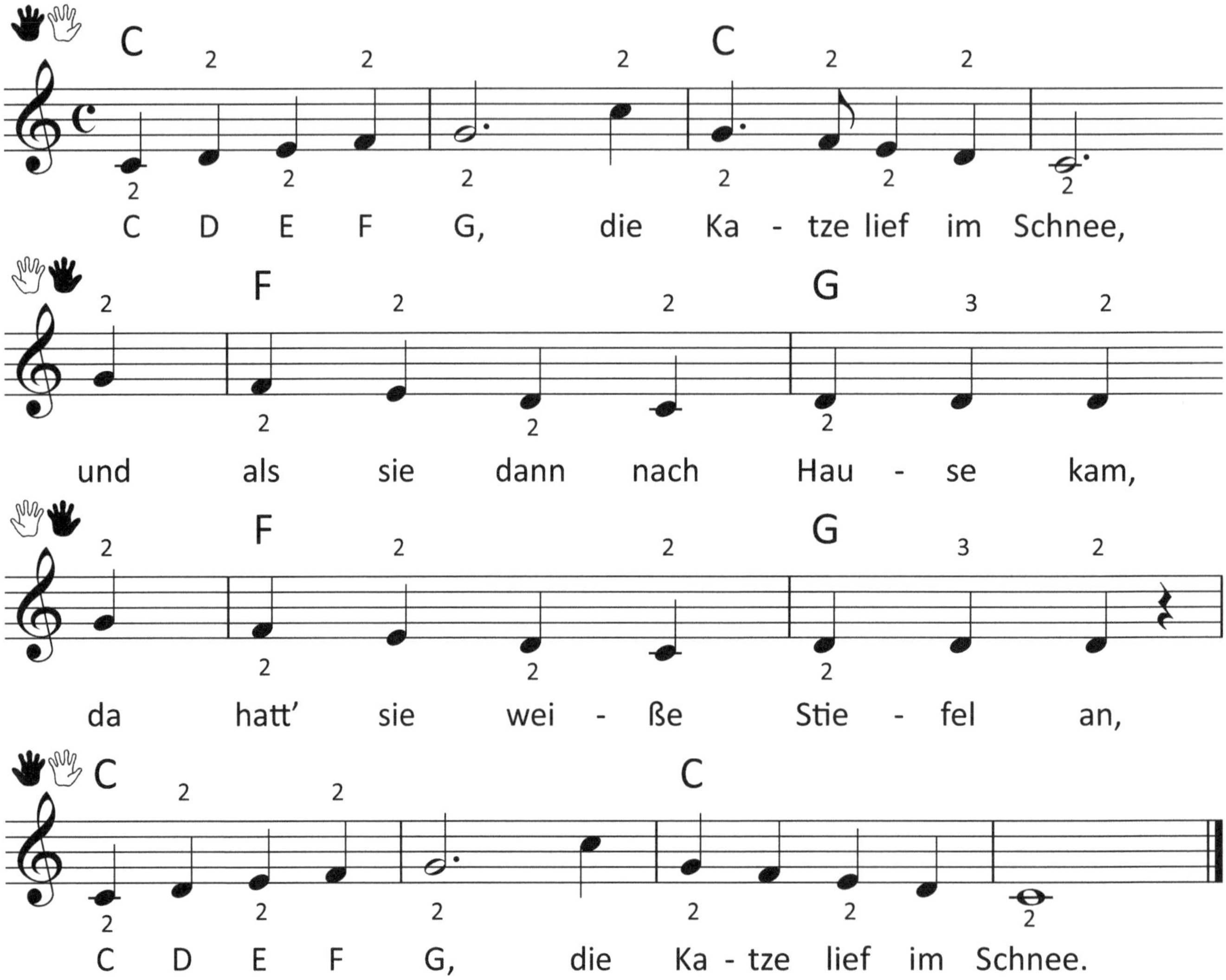

C C D E F G, die Ka - tze lief im Schnee,

F G
und als sie dann nach Hau - se kam,

F G
da hatt’ sie wei - ße Stie - fel an,

C C
C D E F G, die Ka - tze lief im Schnee.

2. C D E F G, die Katze lief zur Höh’.
Sie leckt ihr kaltes Pfötchen rein
und putzt sich auch die Stiefelein.
C D E F G, die Katze lief im Schnee.

11. Quiz

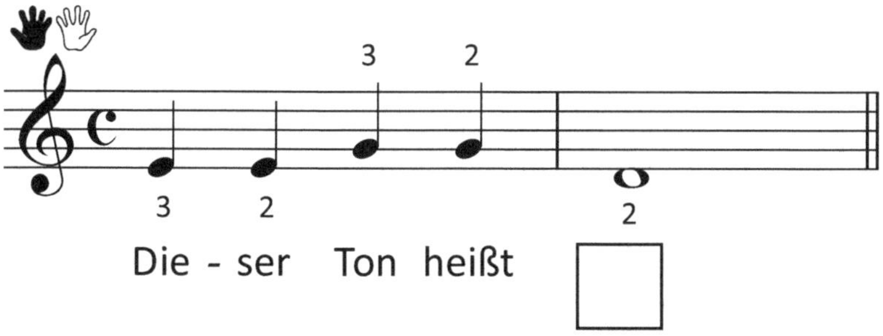

3 2 3 2 2

Die - ser Ton heißt

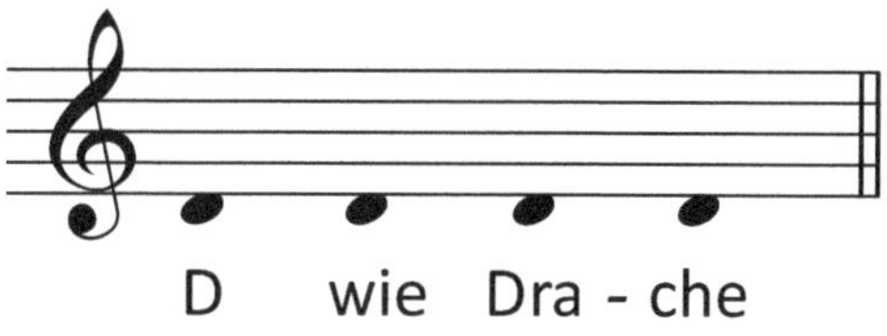

D wie Dra - che

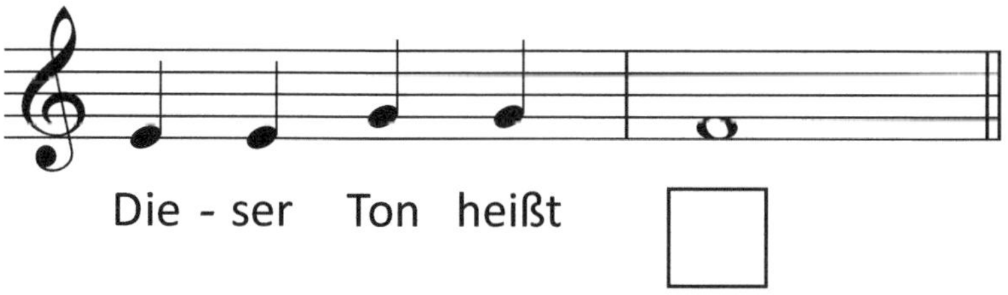

Die - ser Ton heißt

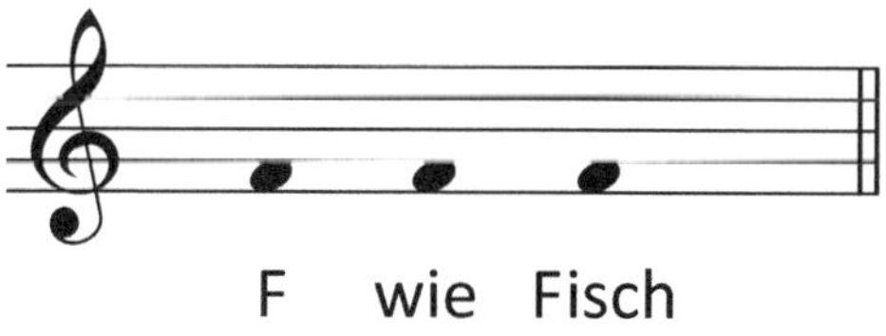

F wie Fisch

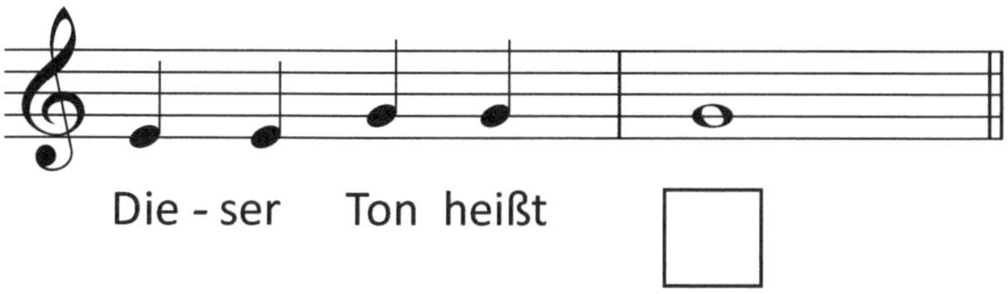

Die - ser Ton heißt

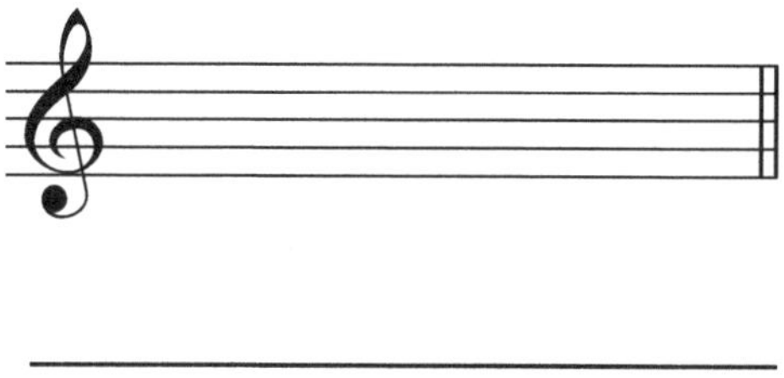

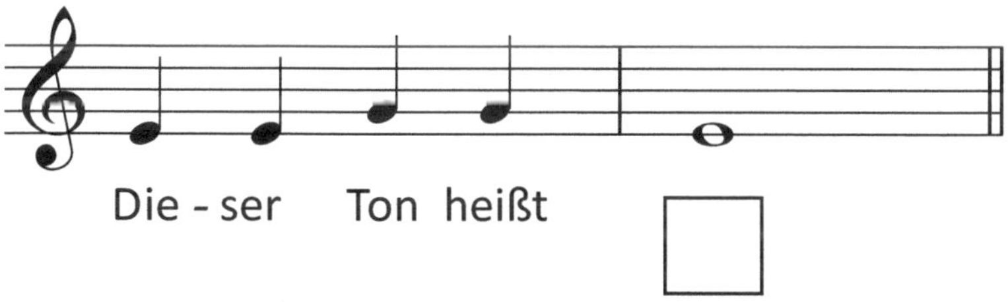

Die - ser Ton heißt

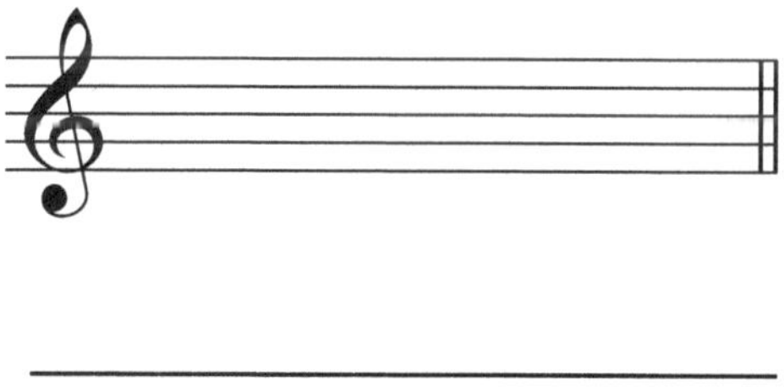

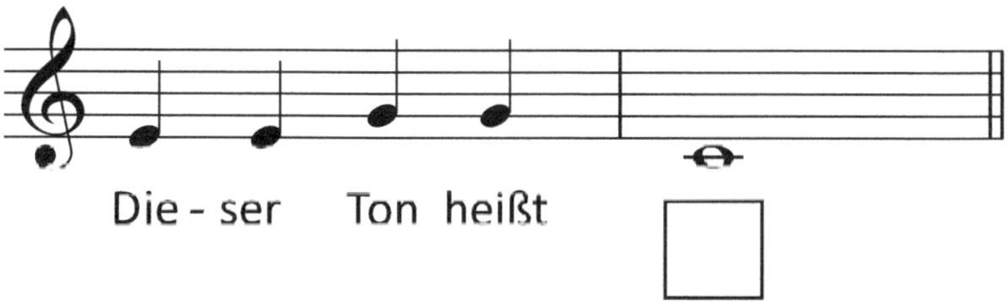

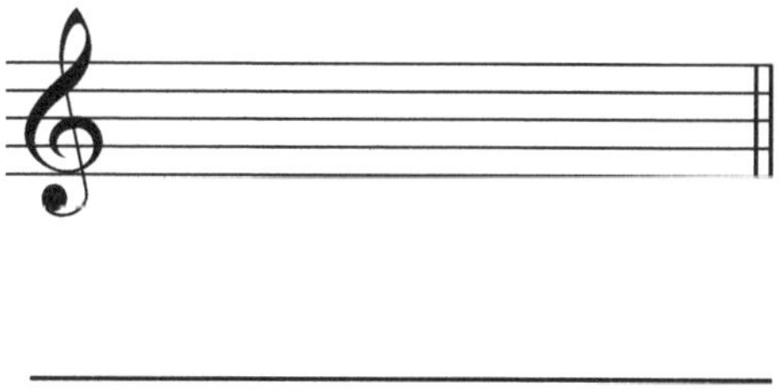

Die - ser Ton heißt

Dieses Quiz könnt ihr mit mehreren spielen.
Einer spielt die Frage „Dieser Ton heißt...“, der andere antwortet, indem er sich ein Tier mit dem betreffenden Anfangsbuchstaben aussucht und beim Spielen rhythmisiert: „D wie Drache“ – 4 Silben also 4 Anschläge.
Wenn die Antwort richtig ist, wird getauscht und derjenige, der eben geantwortet hat, stellt die Frage.

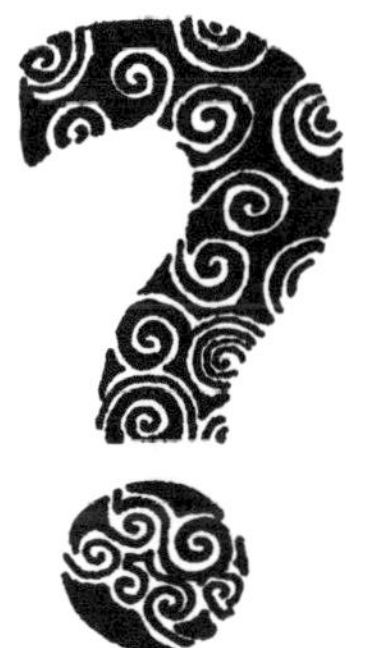

Die Terz

Den Abstand von 3 Tönen nennt man: Terz.
Es gibt zwei Arten von Terzen: die Kuckucksterz ist eine kleine Terz, die andere eine große Terz. Die Terzen auf der Harfe klingen unterschiedlich.

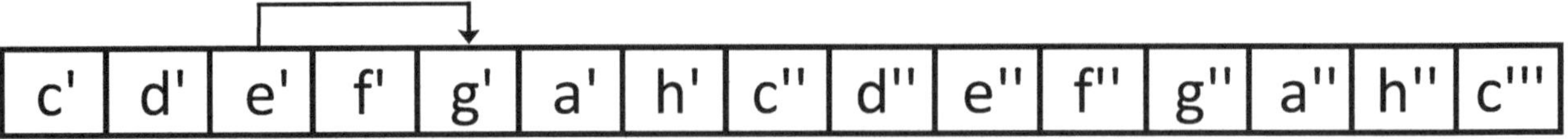

c'	d'	e'	f'	g'	a'	h'	c''	d''	e''	f''	g''	a''	h''	c'''

Die Vögel im Wald wollen den Kuckuck necken, indem sie ihn in seiner eigenen Sprache rufen. Deshalb üben jetzt alle den Gesang des Kuckucks. Kreuze die Vögel an, die die Kuckucksterz richtig singen.

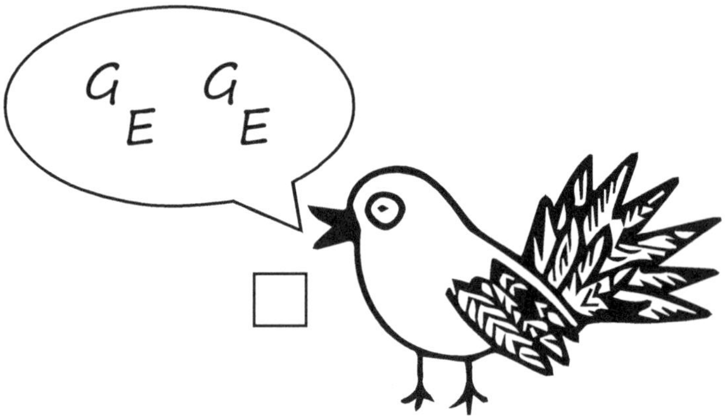

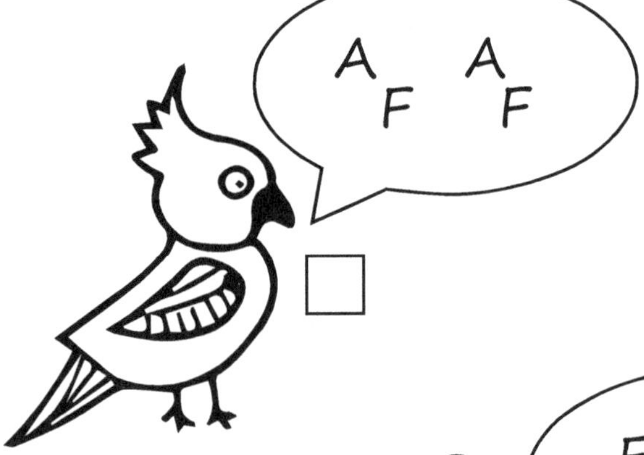

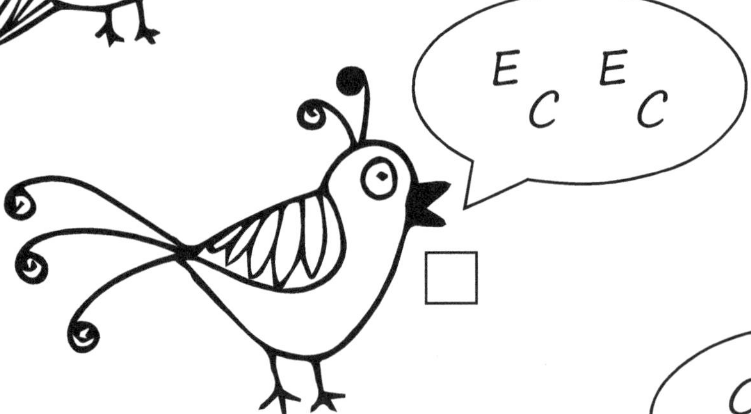

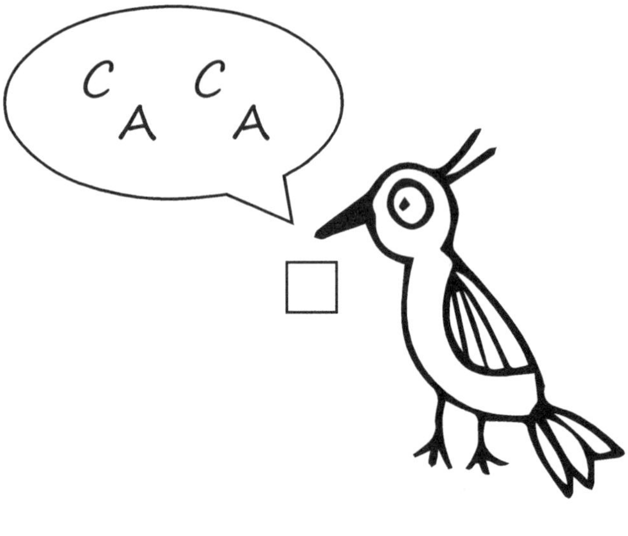

G E G E ☐

A F A F ☐

E C E C ☐

C A C A ☐

12. Kuckuck

Volkslied

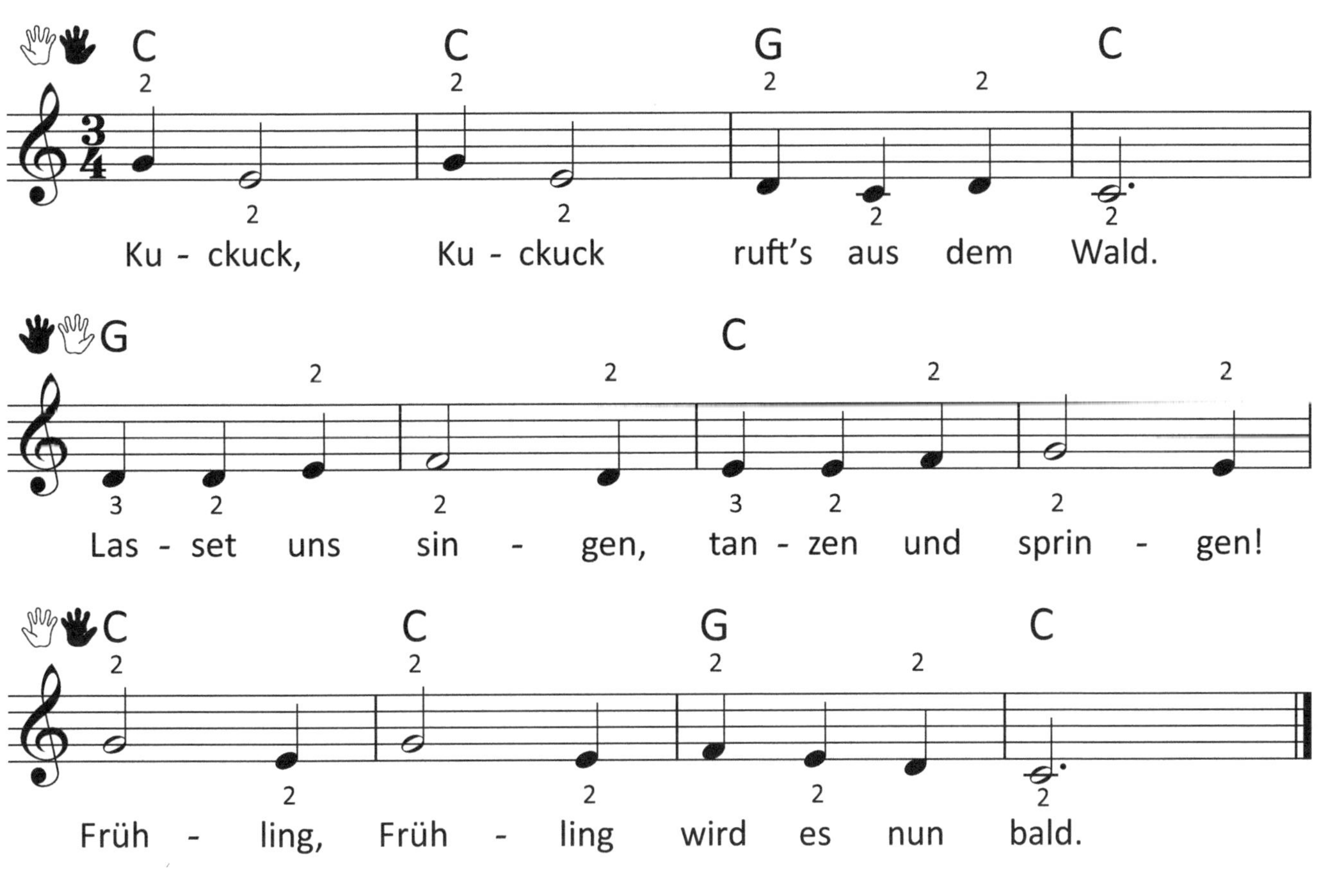

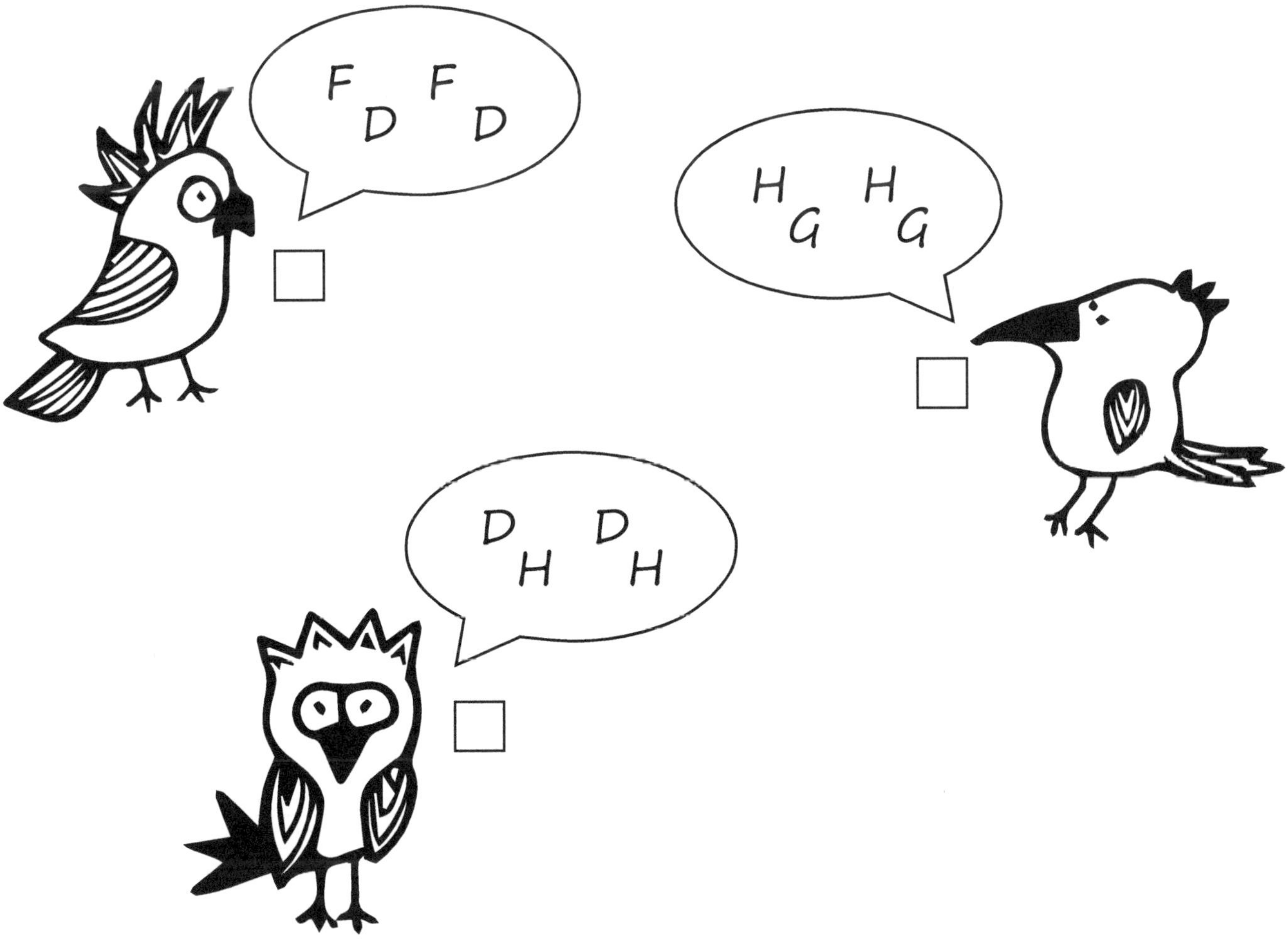

F D F D

H G H G

D H D H

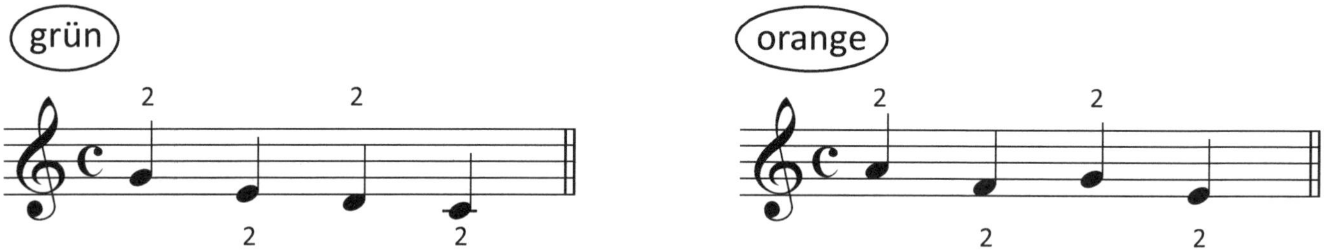

grün

orange

13. Stadtmaus und Landmäuserich

Hexe Knickebein
Catharina Casper

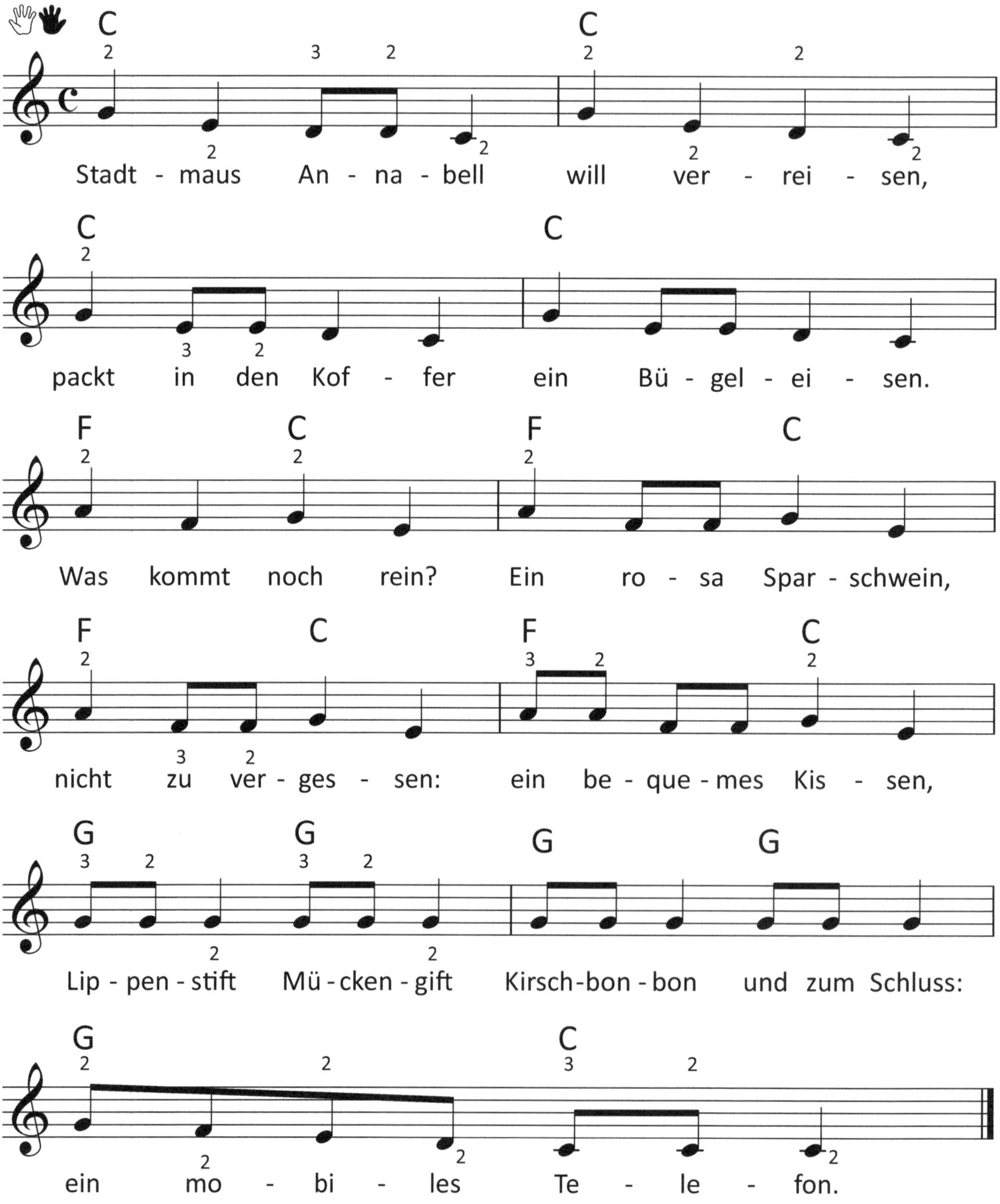

C C
Stadt - maus An - na - bell will ver - rei - sen,

C C
packt in den Kof - fer ein Bü - gel - ei - sen.

F C F C
Was kommt noch rein? Ein ro - sa Spar - schwein,

F C F C
nicht zu ver - ges - sen: ein be - que - mes Kis - sen,

G G G G
Lip - pen - stift Mü - cken - gift Kirsch - bon - bon und zum Schluss:

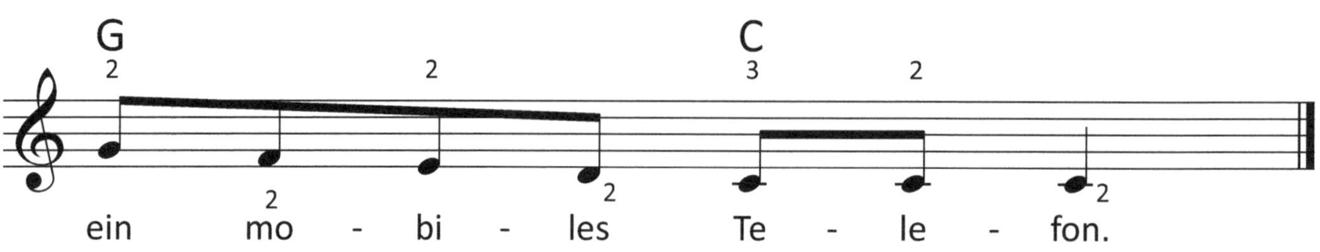

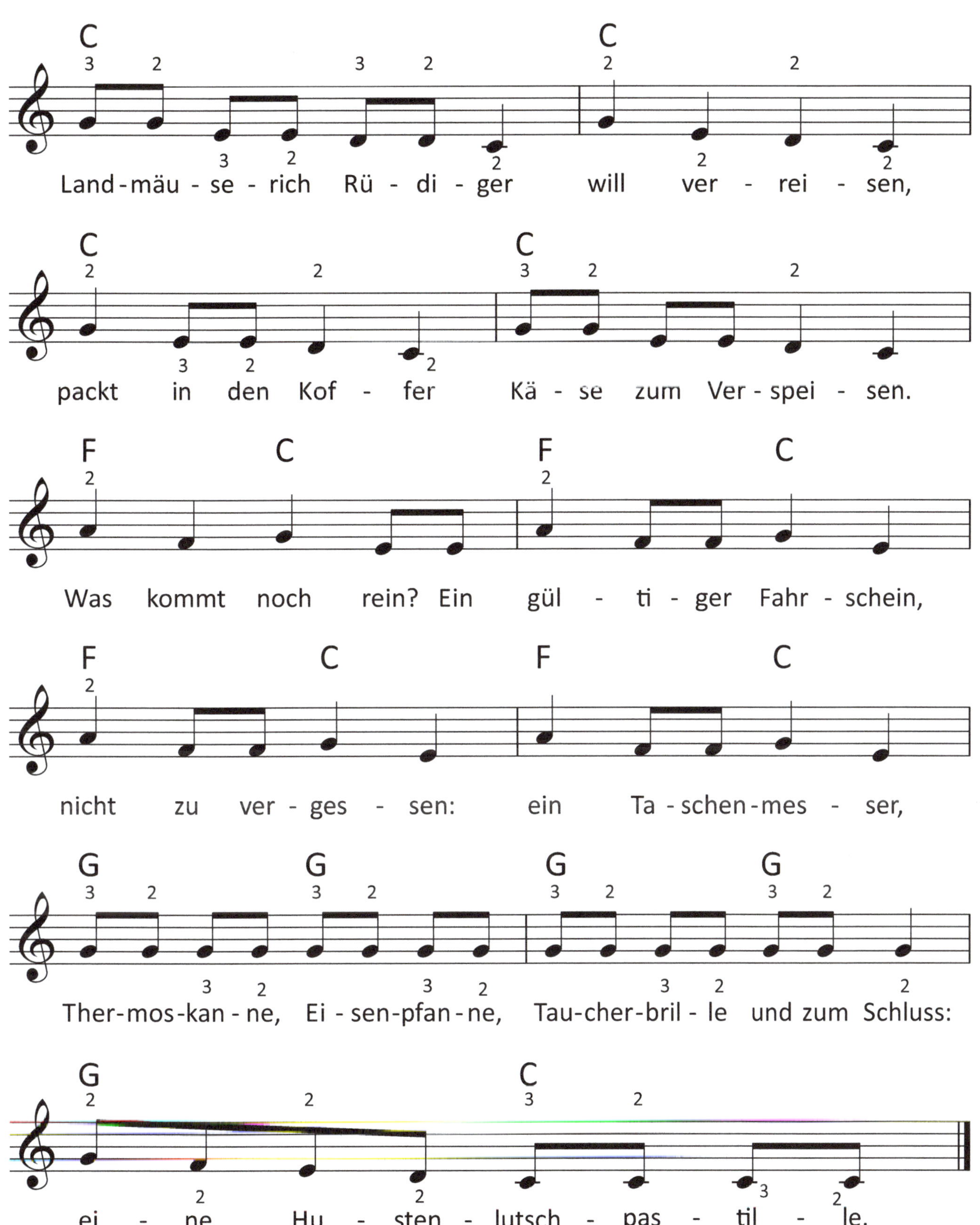

Auf den ersten Blick sehen diese beiden Seiten etwas kompliziert aus, doch das täuscht. Dem Lied sind zwei Viertonfolgen vorangestellt, die mehrmals in dem Lied vorkommen. Doch Achtung: manchmal wird einer der Töne verdoppelt und mit einem Wechselanschlag gespielt. Umkreise die beiden Viertonfolgen jeweils mit einer Farbe.

14. Froschkönig

nach einem Volkslied

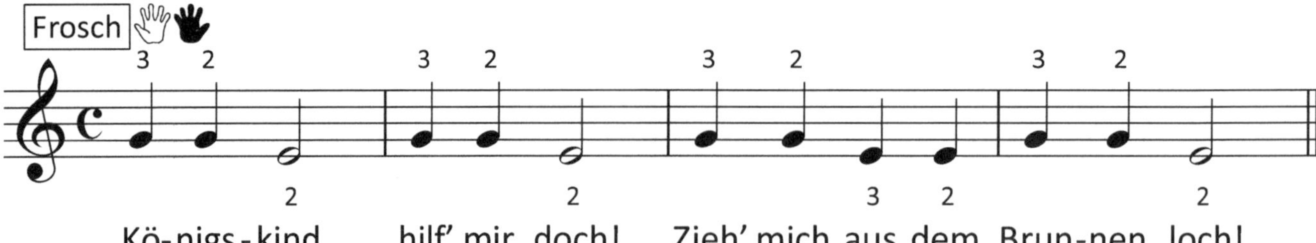

Ein Spieler spielt das Lied des Frosches und beginnt dabei jedes Mal auf einer anderen Tonstufe. Einmal spielt er:

Kö-nigs-kind,

Beim nächsten Mal beginnt er vielleicht mit einem a:

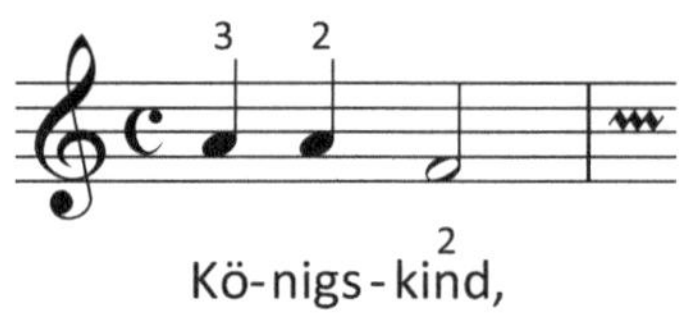

oder mit irgendeinem anderen Ton.

Der zweite Spieler spielt die Rolle der Prinzessin.
Sie hilft dem Frosch nur, wenn dieser eine Kuckucksterz spielt.
Dann antwortet sie:

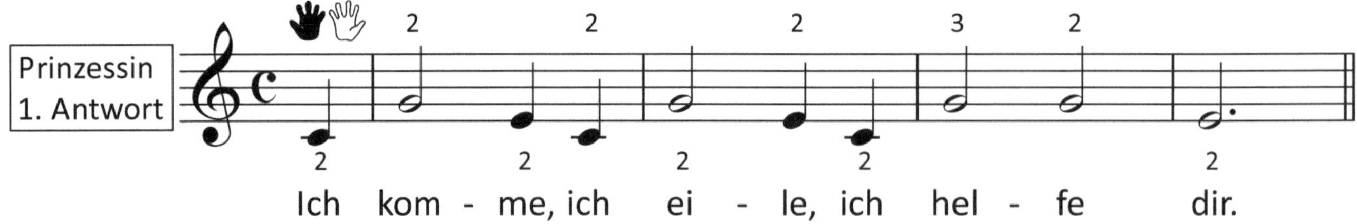

Hört sie keine Kuckucksterz, so spielt sie:

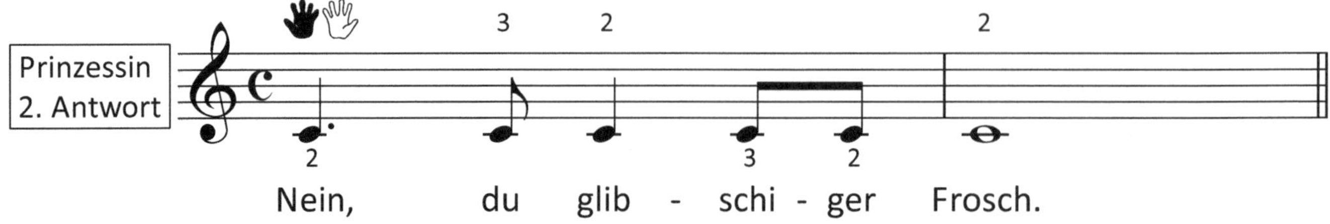

15. Atte Katte Nuwa

aus Lappland

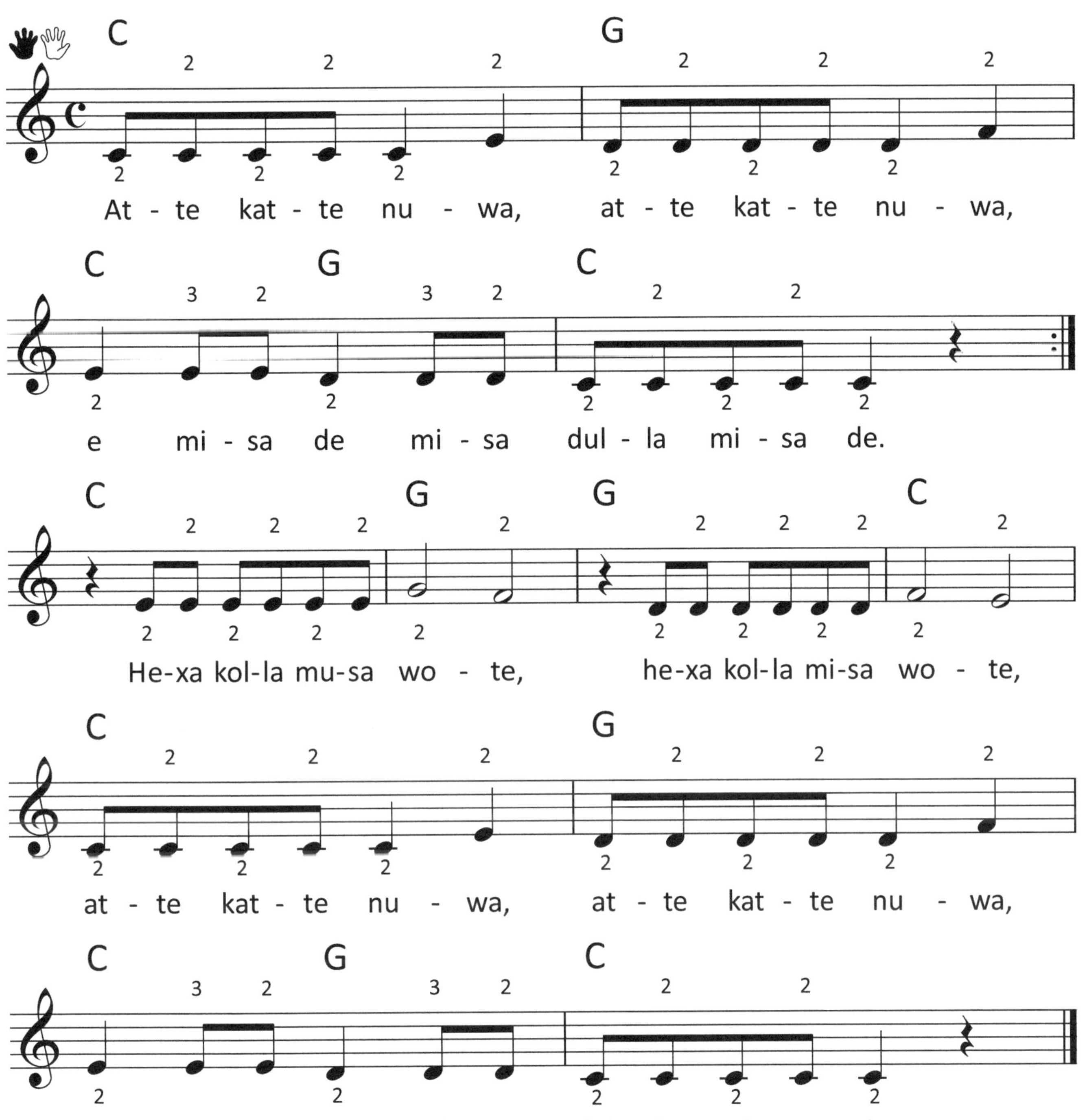

Zweierklammer abwärts

Die 2-3-Klammer spielt immer zwei nebeneinanderliegende Saiten.

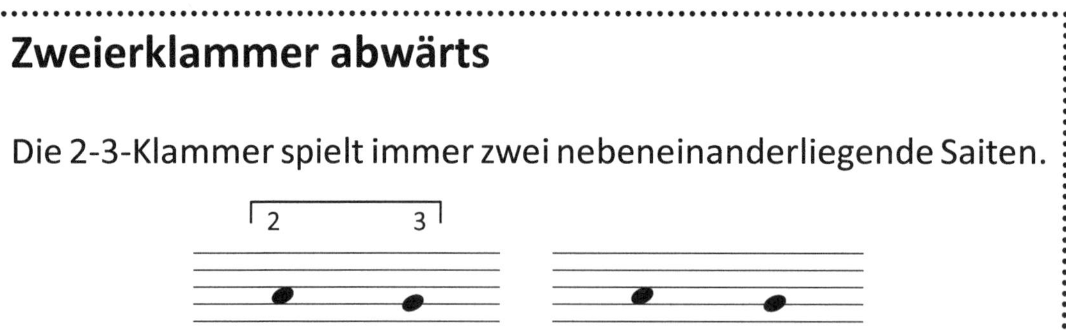

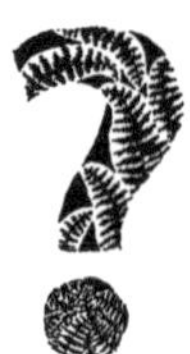

Wie kannst du mit Zweierklammern alle Töne auf der Harfe spielen?
Denke dir ein Muster aus.

16. Wir haben Hunger

Volkslied

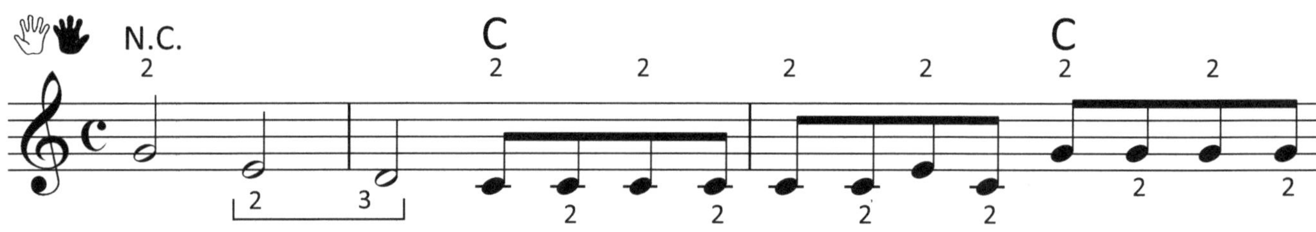

Wir ha - ben Hun-ger, Hun-ger, Hun-ger, ha-ben Hun-ger, Hun-ger,

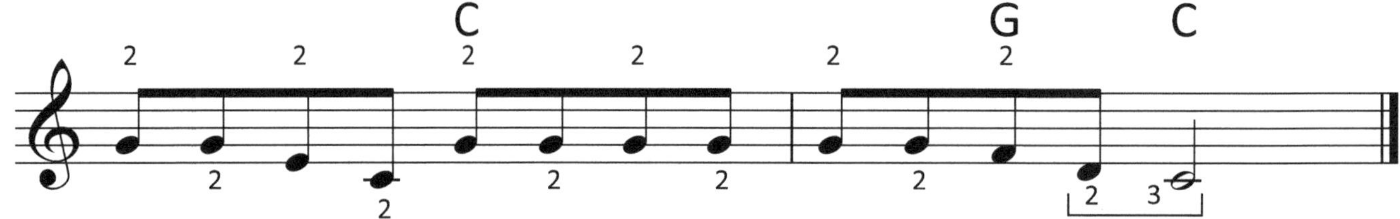

Hun - ger, ha - ben Hun - ger, Hun - ger, Hun - ger, ha - ben Durst.

2. Wo bleibt das Essen, Essen, Essen, bleibt das Essen, Essen,
Essen, bleibt das Essen, Essen, Essen, bleibt die Wurst?

3. Wenn wir nichts kriegen, kriegen, kriegen, essen wir Fliegen, Fliegen,
Fliegen, essen wir Fliegen, Fliegen, Fliegen, von der Wand.

N.C. - no chord: die Begleitung pausiert.

17. Wasserfall

MM

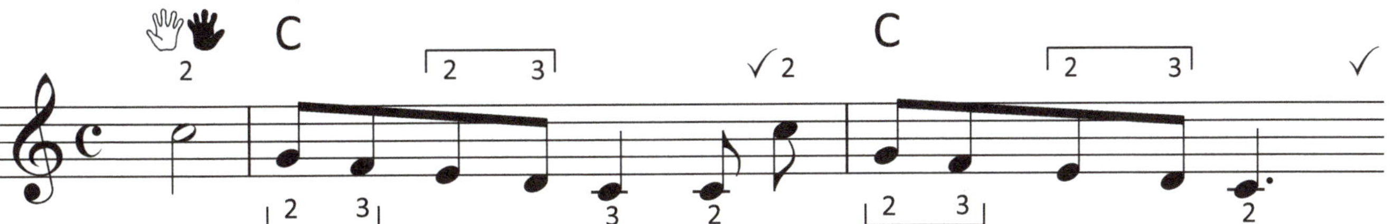

Das Was-ser stürzt her-un - ter, die Höl-len-schlucht hin-ab.

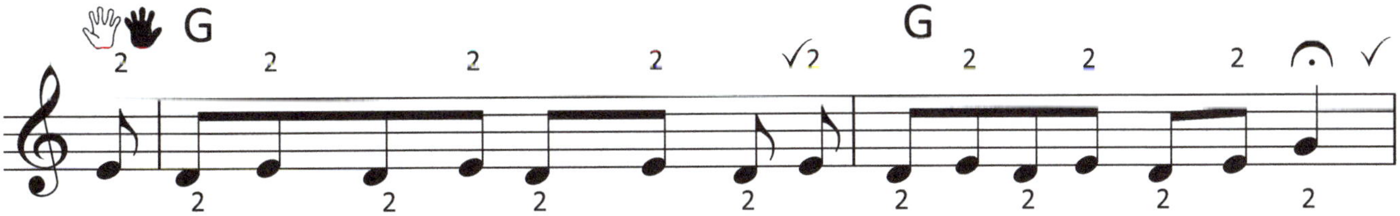

Es bro-delt, kracht, die Gischt spritzt auf ein Per-len-re-gen stei-get auf:

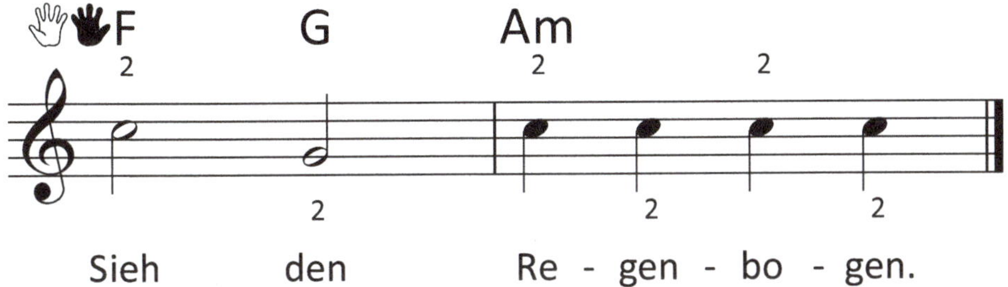

Sieh den Re - gen - bo - gen.

Denke dir eine Musik für den Regenbogen aus.

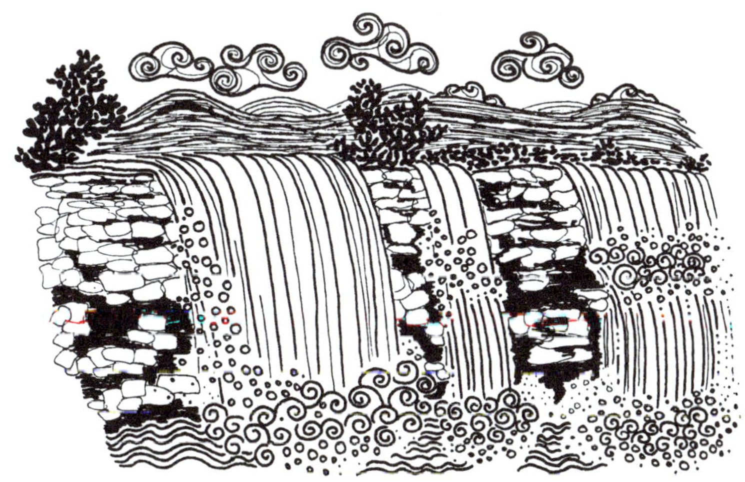

Eine *Zäsur* ist wie ein Satzzeichen in der Musik. Eine kleine Melodie endet, eine folgende Melodie beginnt. Sänger und Spieler von Blasinstrumenten atmen hier, alle anderen Musiker denken sich die Zäsur.

Bei einer *Fermate* darfst du den Ton so lange halten, wie es dir gefällt.

18. Blümchen blau

Volkslied

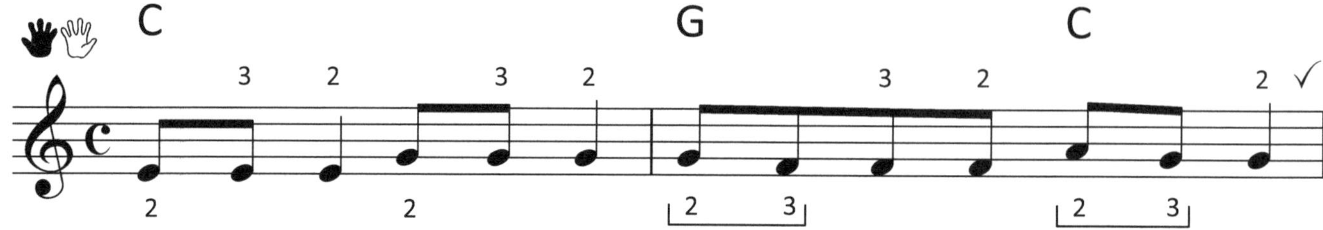

Blüm-chen blau, Blüm-chen blau, Blüm- chen, Blüm- chen, Blüm-chen blau,

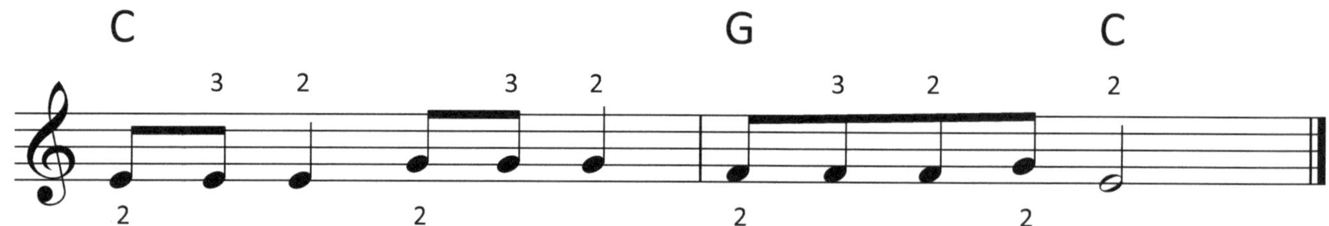

Blüm-chen blau, Blüm-chen blau, Blüm- chen, Blüm-chen blau.

Geläut für Könner:
Gehe zurück zu 5. Geläut und spiele nur Takt 1 und 3.
Lasse also den 2. und 4. Takt aus.
Spiele diese Folge mehrfach hintereinander und beende dein Spiel mit einem c'.

Zweierklammer aufwärts

Setze beide Finger gleichzeitig auf und spiele in die Hand ab.

3 2

3 2

Wie kannst du mit Zweierklammern aufwärts alle Töne auf der Harfe spielen? Denke dir ein Muster aus.

19. Eine kleine Geige

Volkslied

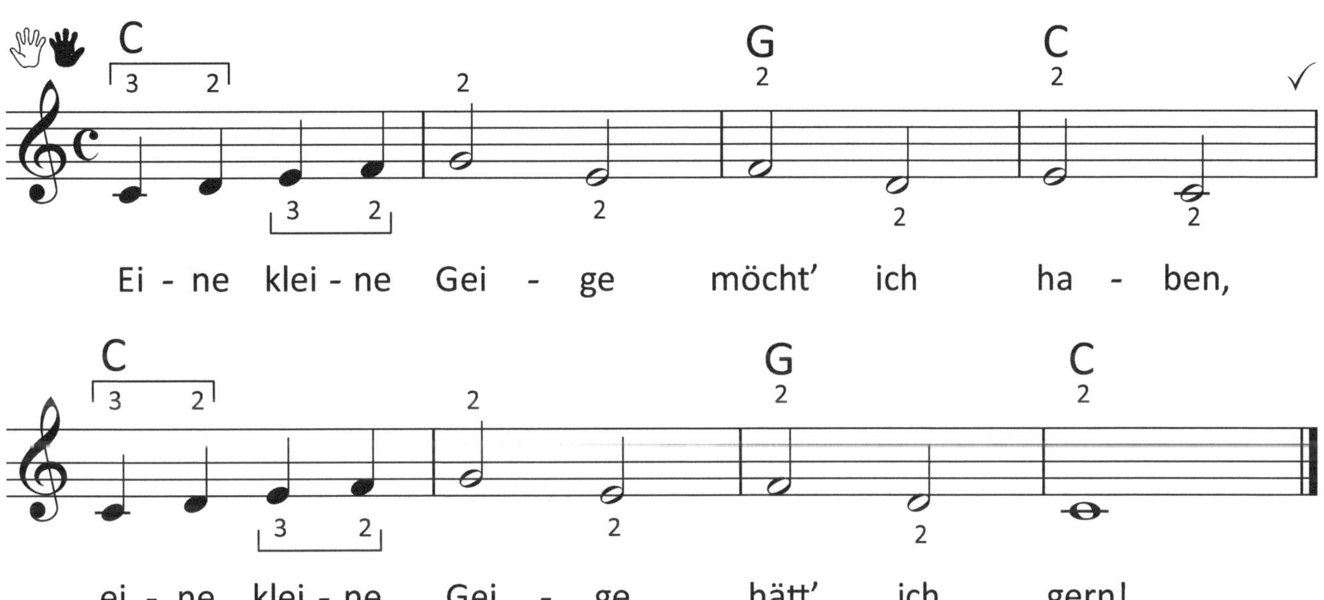

Welche Instrumente hättest du noch gerne? Welche passen zu dieser Melodie?

- ☐ Trommel
- ☐ Gitarre
- ☐ Klavier
- ☐ Blockflöte
- ☐ ____________________
- ☐ ____________________
- ☐ ____________________

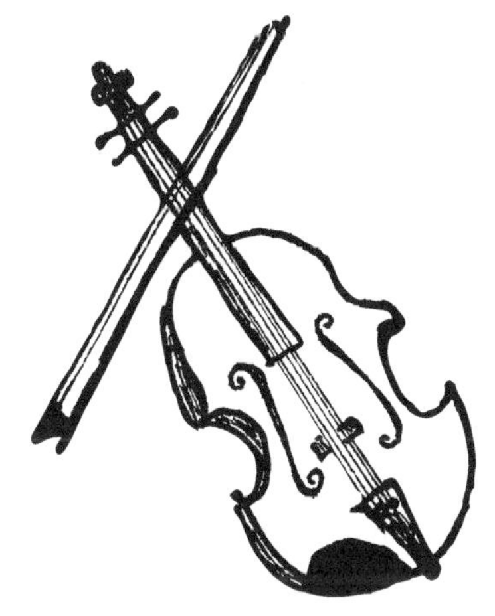

20. Kirschen pflücken

MM

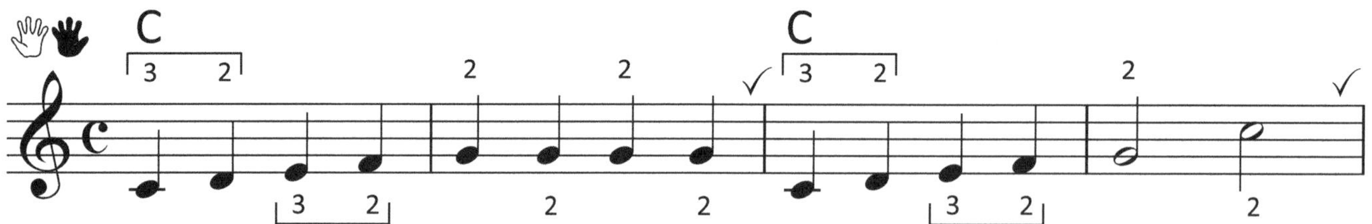

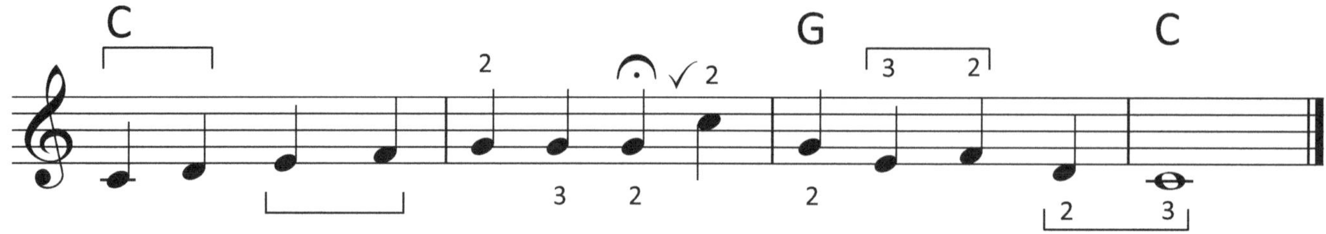

21. Schabernack

MM

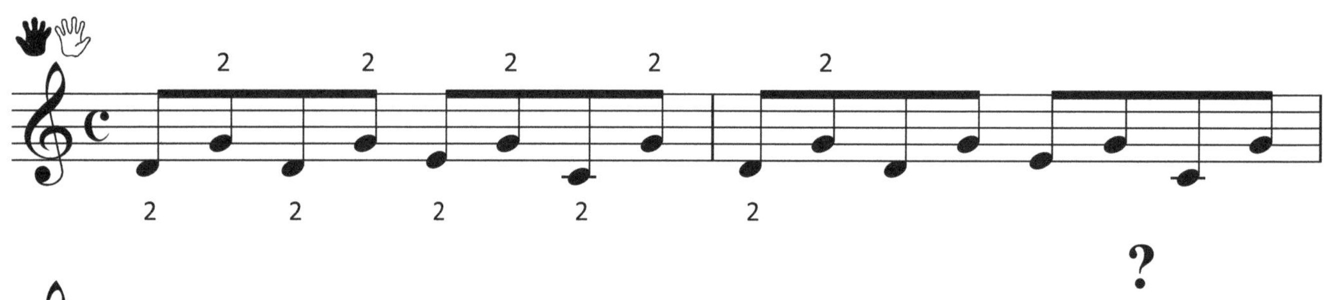

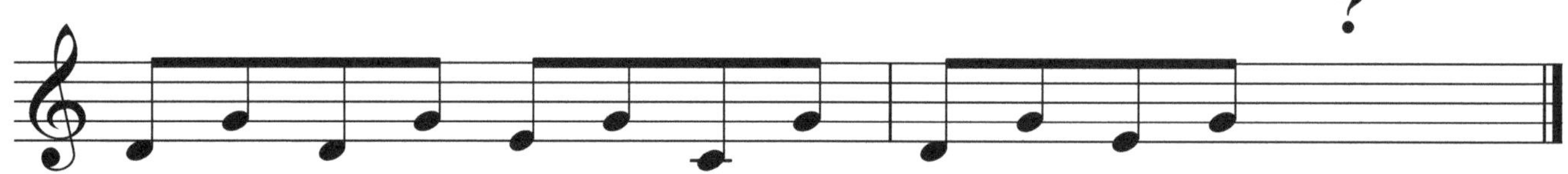

Beende das Lied mit: c' d' e' f' oder g'.
Deine Zuhörer sitzen mit dem Rücken zu dir und raten bzw. hören, welcher Ton gespielt wurde. Wer es als erster richtig sagt, darf als nächstes vorspielen.

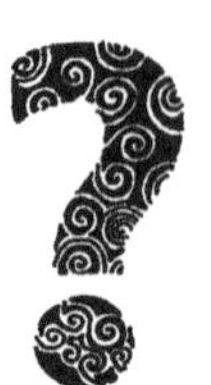

22. Hänschen klein

Volkslied

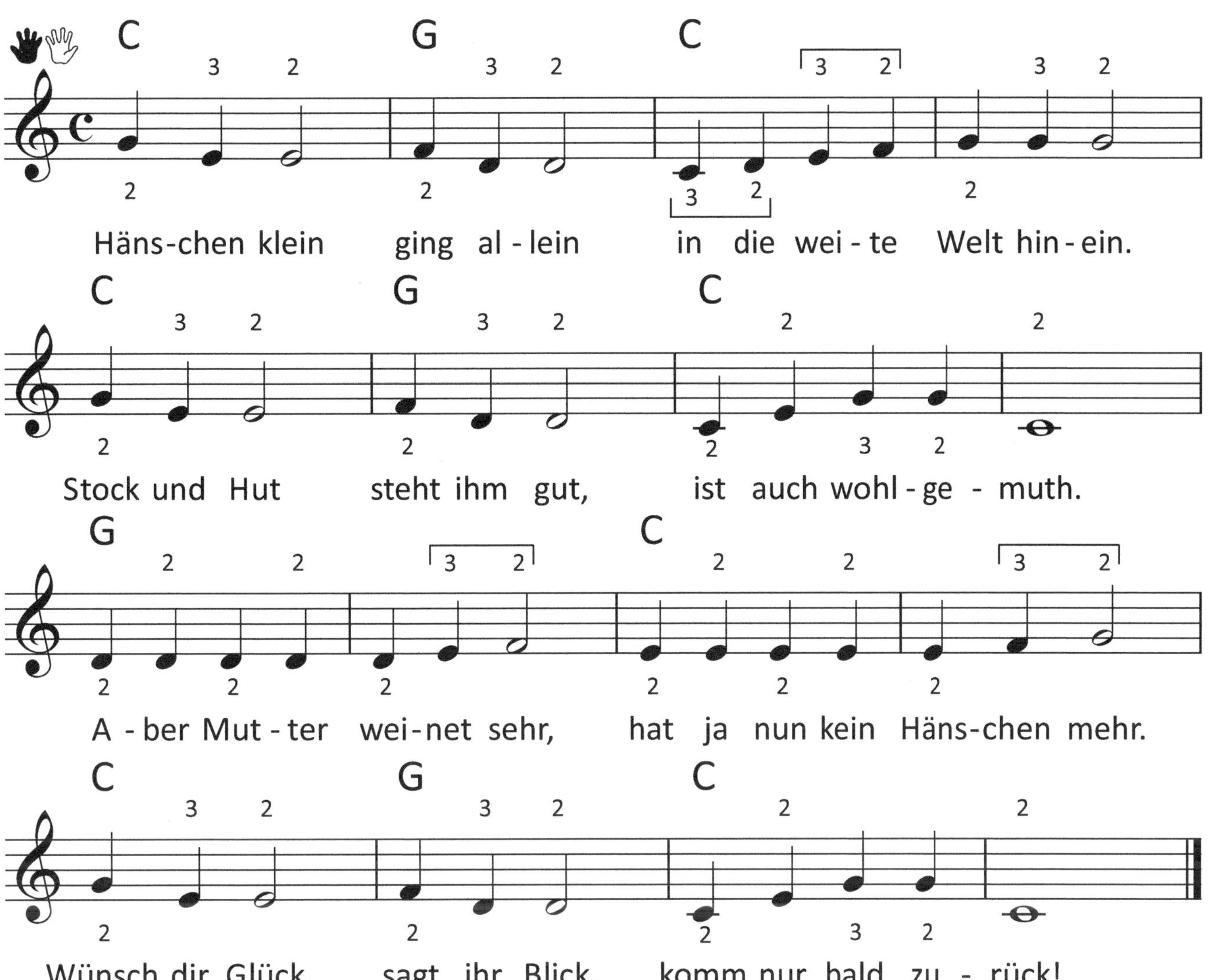

2. Doch es waren sieben Jahr,
Die er in der Fremde war.
Da besinnt sich das Kind,
Läuft nach Haus geschwind.
Doch nun ist's kein Hänschen mehr,
Nein, ein großer Hans ist er.
Stirn und Hand braun gebrannt,
Wird er so erkannt?

2. Eins, zwei, drei gehen vorbei,
Fragen sich, wer das wohl sei.
Die Schwester spricht, das Gesicht,
Nein, das kenn ich nicht!
Doch da kommt die Mutter rein,
Schaut ihm nur ins Aug' hinein -
Hans, mein Sohn! So ein Glück!
Endlich bist' zurück!

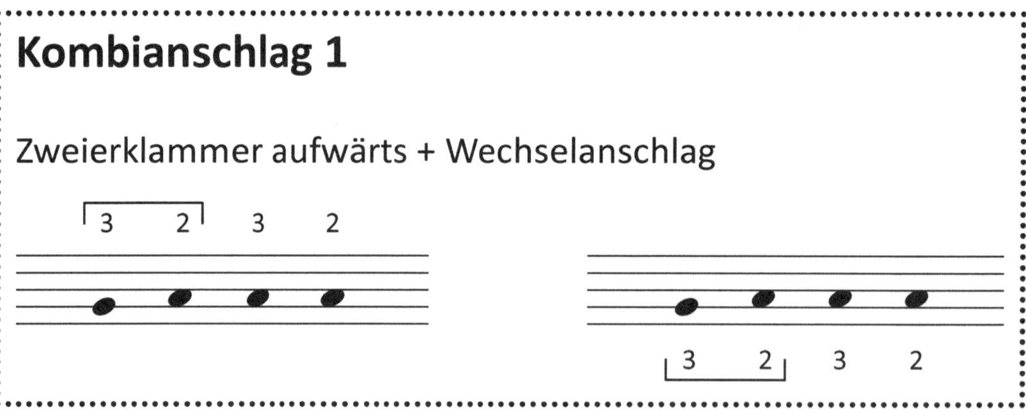

23. Mary Had a Little Lamb

aus England

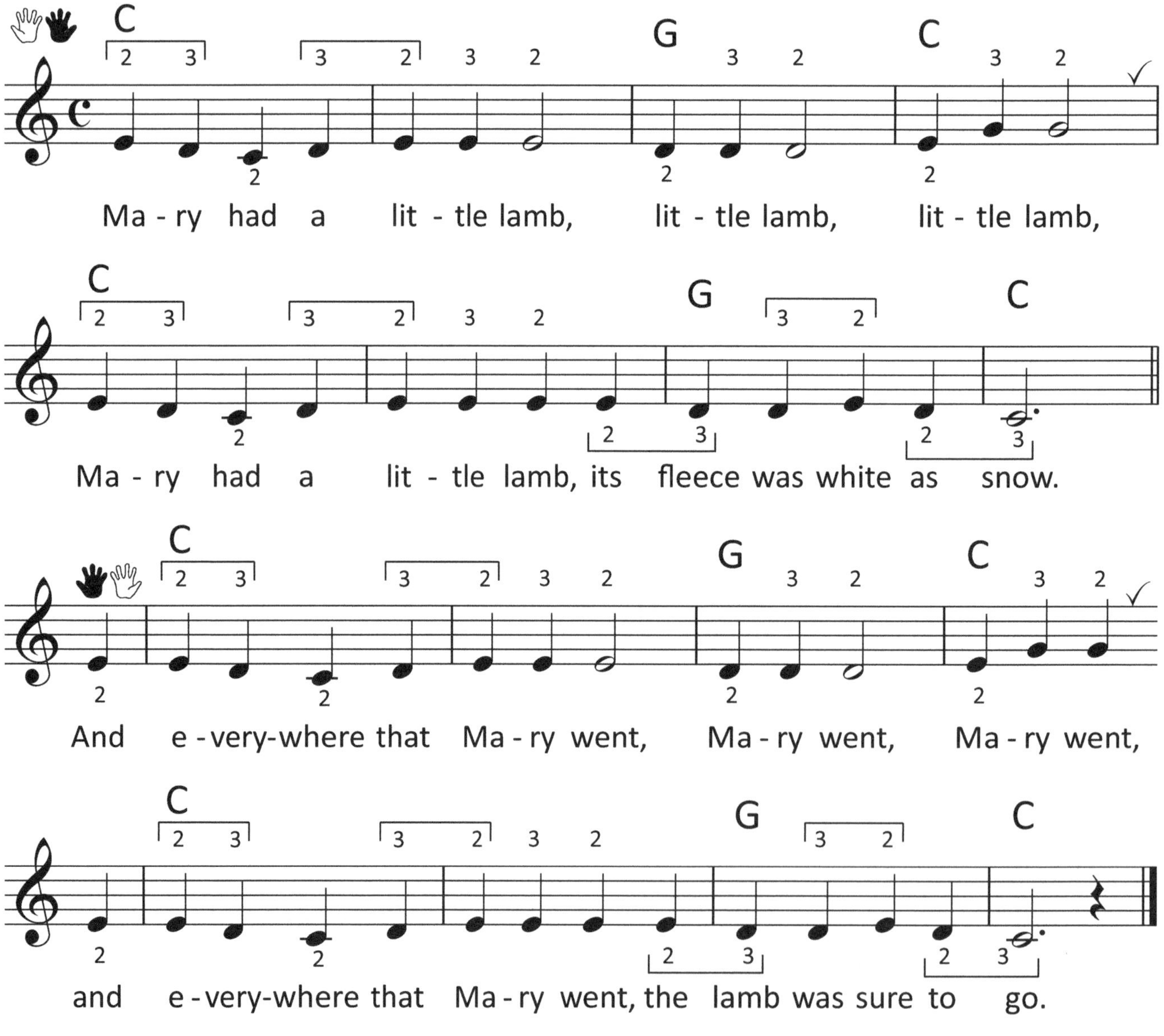

C G C
Ma - ry had a lit - tle lamb, lit - tle lamb, lit - tle lamb,

C G C
Ma - ry had a lit - tle lamb, its fleece was white as snow.

C G C
And e - very-where that Ma - ry went, Ma - ry went, Ma - ry went,

C G C
and e - very-where that Ma - ry went, the lamb was sure to go.

2. He followed her to school one day
That was against the rule,
It made the children laugh and play,
To see a lamb at school.

3. And so the Teacher turned him out,
But still he lingered near,
And waited patiently about,
Till Mary did appear;

4. And then he ran to her, and laid
His head upon her arm,
As if he said 'I'm not afraid
You'll keep me from all harm.'

5. 'What makes the lamb love Mary so?'
The eager children cried.
'O, Mary loves the lamb, you know',
The Teacher did reply.

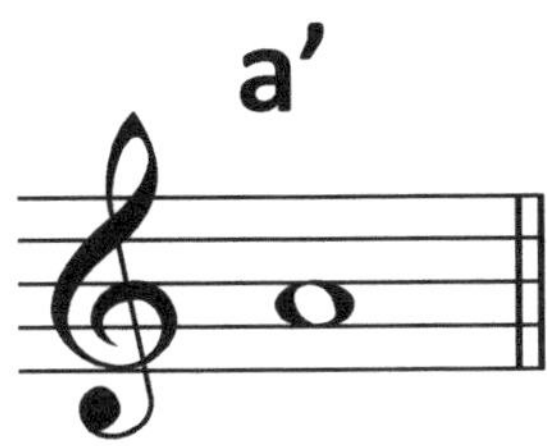

24. Ich bin kein Freund von Traurigkeit

Volkslied

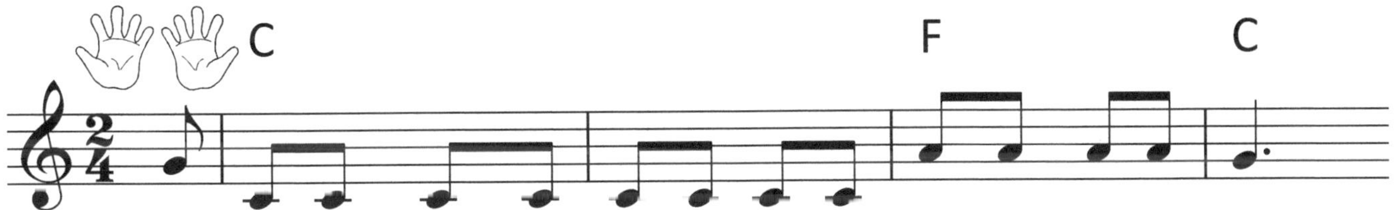

Ich bin kein Freund von Trau-rig- keit, ich bin nicht gern al - lein,

G C G C

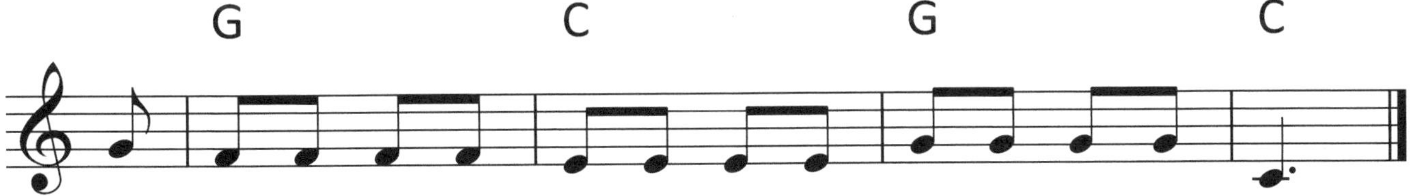

ich lie - be die Ge - müt-lich- keit, Ge - müt-lich-keit muss sein.

Spiele dieses Lied nur mit dem 2. Finger mit beiden Händen im Wechsel.
Mit welcher Hand beginnst du? Male diese aus.

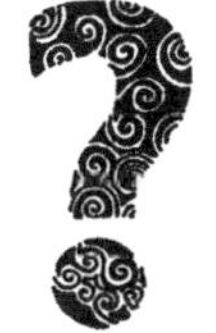

25. Froschkönig

Hexe Knickebein
Catharina Caspar

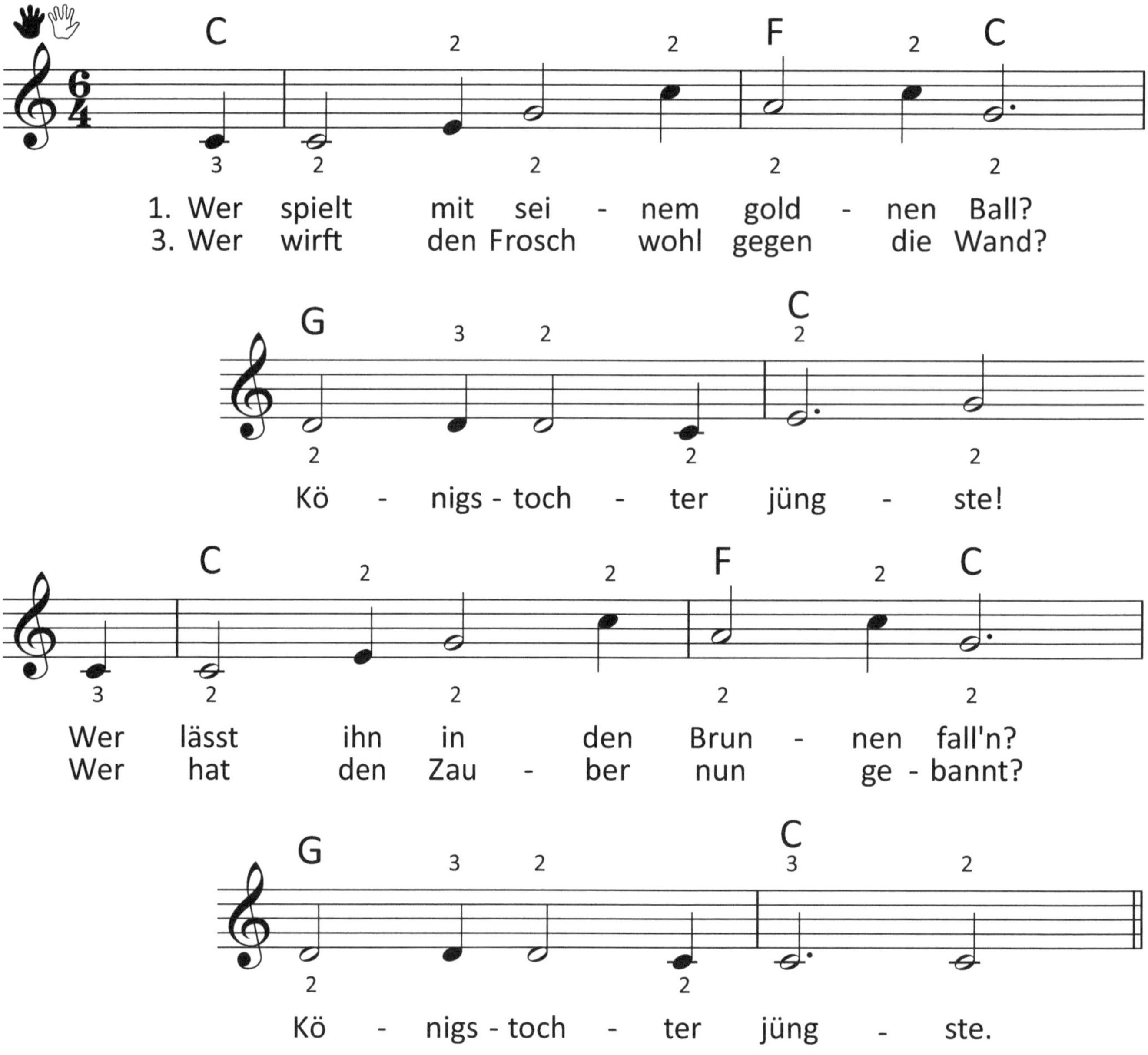

C F C

1. Wer spielt mit sei - nem gold - nen Ball?
3. Wer wirft den Frosch wohl gegen die Wand?

G C

Kö - nigs - toch - ter jüng - ste!

C F C

Wer lässt ihn in den Brun - nen fall'n?
Wer hat den Zau - ber nun ge - bannt?

G C

Kö - nigs - toch - ter jüng - ste.

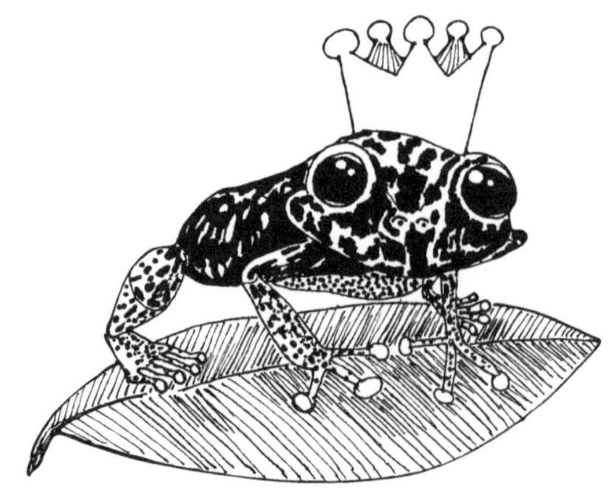

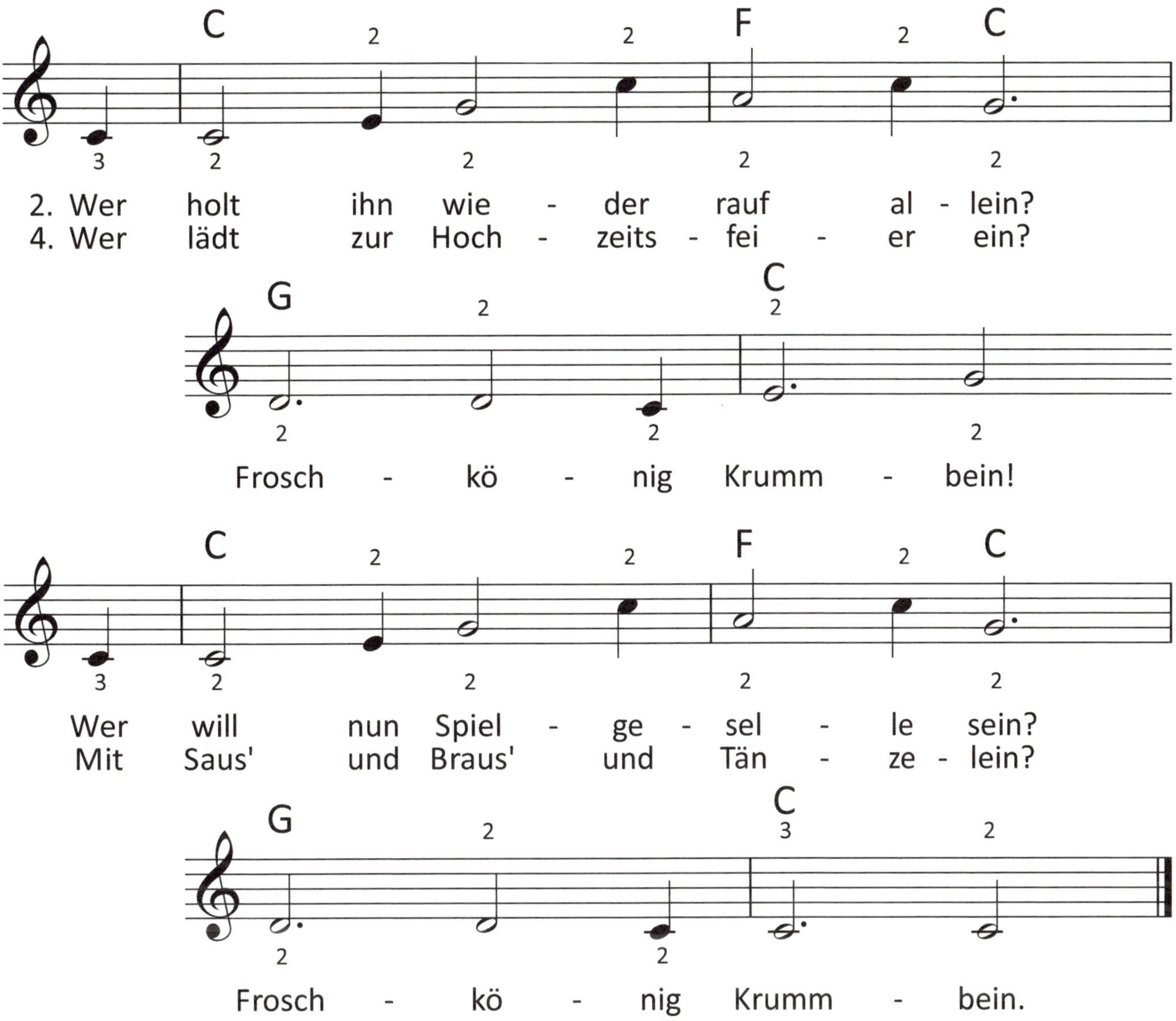

2. Wer holt ihn wie - der rauf al - lein?
4. Wer lädt zur Hoch - zeits - fei - er ein?

Frosch - kö - nig Krumm - bein!

Wer will nun Spiel - ge - sel - le sein?
Mit Saus' und Braus' und Tän - ze - lein?

Frosch - kö - nig Krumm - bein.

Die Quinte

Die Quinte ist der Abstand vom 1. zum 5. Ton. Man zählt immer vom tieferen Grundton fünf Töne aufwärts.
Beispiel: Die Quinte von C ist zum Beispiel G.

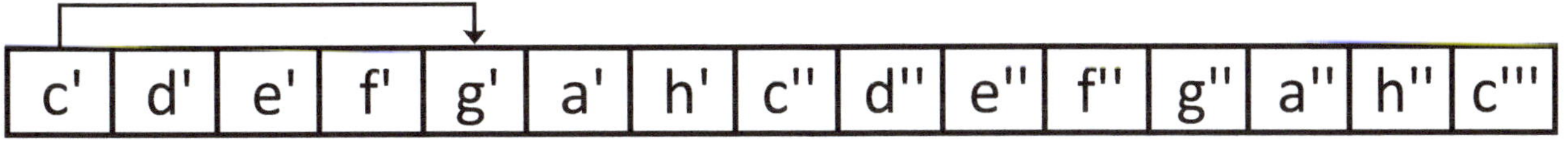

Wir gehen zum Tanzball (Begleitung)

MM

Den Tanzball kennst du schon. Hier siehst du, wie du eine einfache Begleitung mit einer Quinte gestalten kannst.

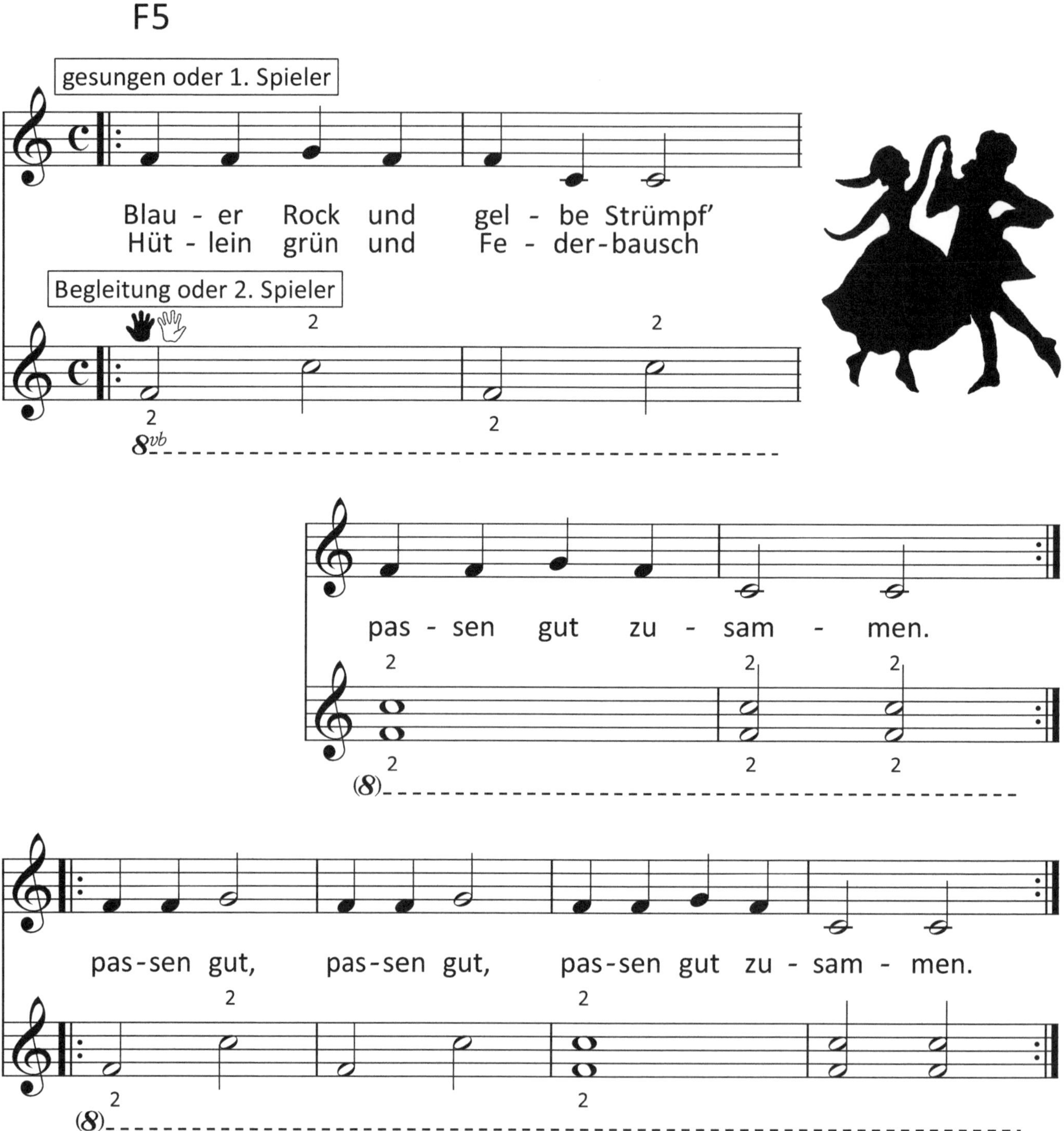

2. Schwarze Hose und nen' Hemd
passen gut zusammen.
Ringelstreifen, Seidenschal
passen gut zusammen.

F5	Begleite mit Grundton und Quinte.

26. Burgfest

aus Frankreich

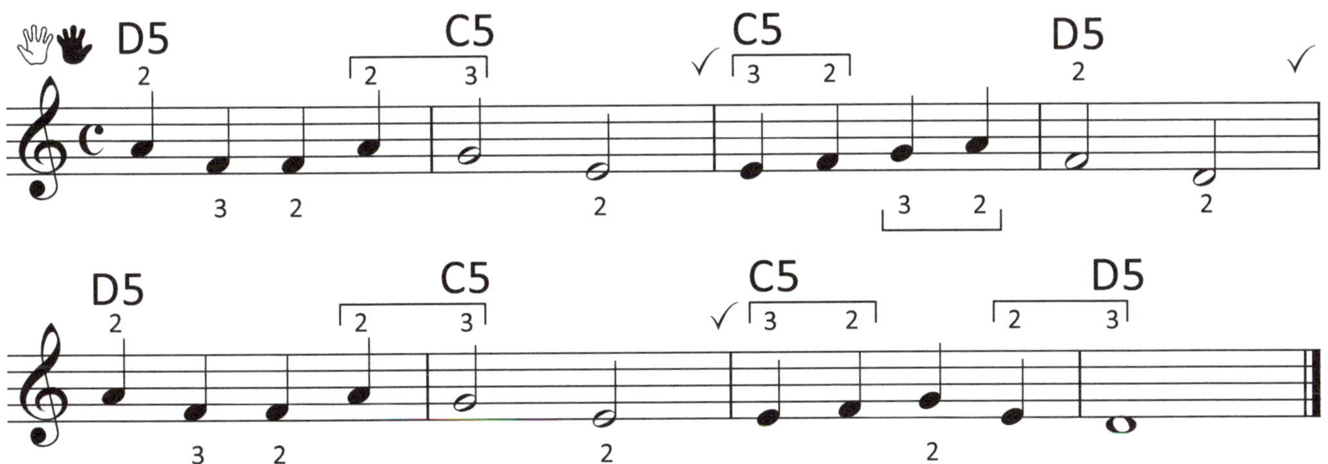

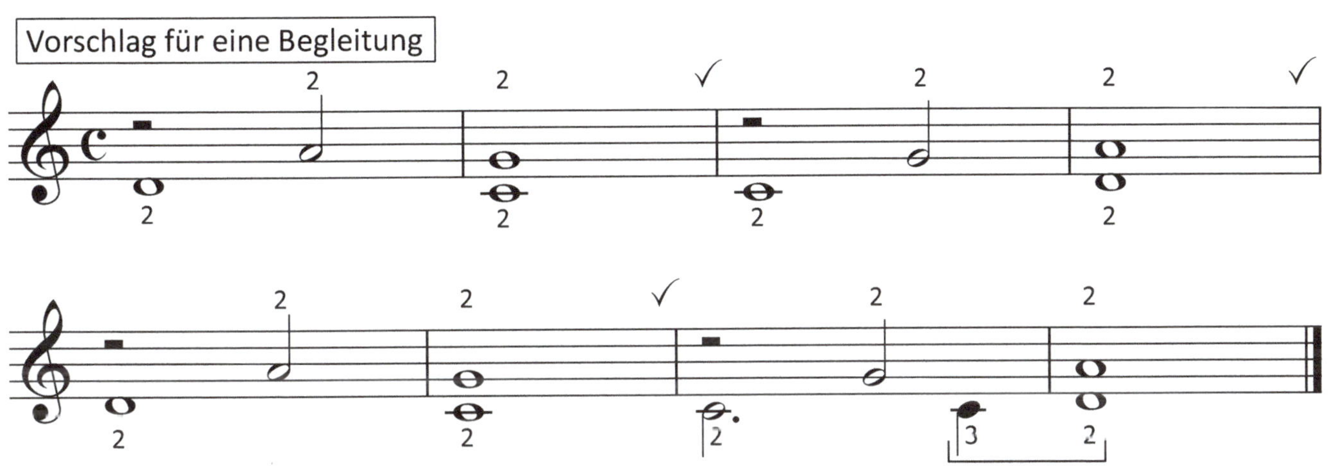

Begleitet euch bei folgenden Liedern gegenseitig mit der Quinte C5:

- *Geläut*
- *Große Uhren*
- *Hört ihr die Drescher?*
- *The Trumpets*

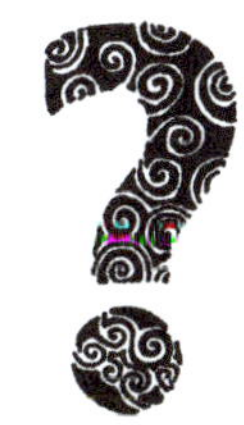

27. Dornröschen

Volkslied

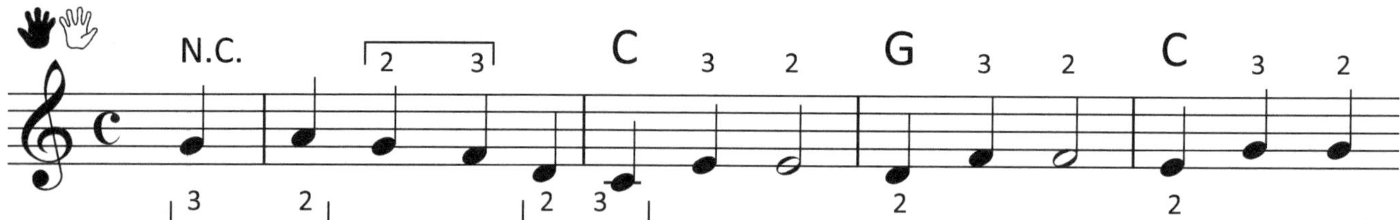

Dorn - rö-schen war ein schö-nes Kind, schö-nes Kind, schö-nes Kind,

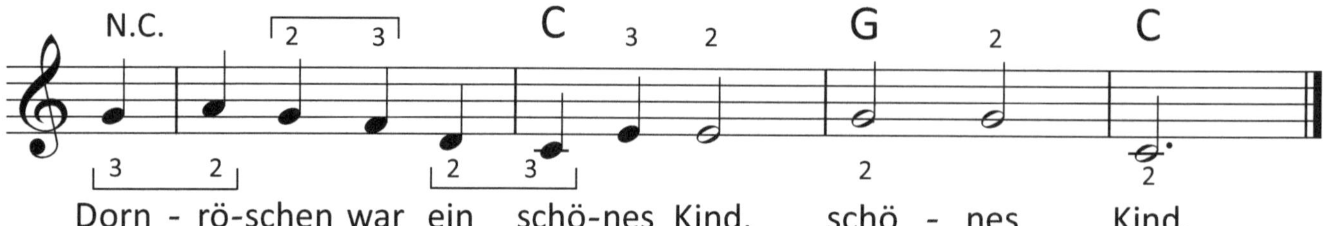

Dorn - rö-schen war ein schö-nes Kind, schö - nes Kind.

2. Dornröschen, nimm Dich ja in Acht,
ja in acht, ja in Acht!
Dornröschen, nimm Dich ja in Acht
vor einer bösen Fee!

3. Da kam die böse Fee herein,
Fee herein, Fee herein.
Da kam die böse Fee herein
und rief ihr zu:

4. Dornröschen schlafe hundert Jahr,
hundert Jahr, hundert Jahr.
Dornröschen schlafe hundert Jahr
und alle mit.

5. Und eine Hecke riesengroß,
riesengroß, riesengroß,
Und eine Hecke riesengroß
umgab das Schloss.

6. Da kam ein junger Königssohn
Königssohn, Königssohn.
Da kam ein junger Königssohn
und sprach zu ihr:

7. Dornröschen holdes Mägdelein,
Mägdelein, Mägdelein,
Dornröschen holdes Mägdelein
nun wache auf.

8. Dornröschen wachte wieder auf,
wieder auf, wieder auf.
Der ganze Hofstaat wachte auf,
wachte auf.

9. Dornröschen ward nun Königin,
Königin, Königin,
beglückte hoch den Königssohn,
beglückte ihn.

10. Sie feierten ein großes Fest,
großes Fest, großes Fest.
Sie feierten ein großes Fest,
das Hochzeitsfest.

11. Da jubelte das ganze Volk,
ganze Volk, ganze Volk.
Da jubelte das ganze Volk,
ganze Volk.

Kombianschlag 2

Wechselanschlag + Zweierklammer abwärts

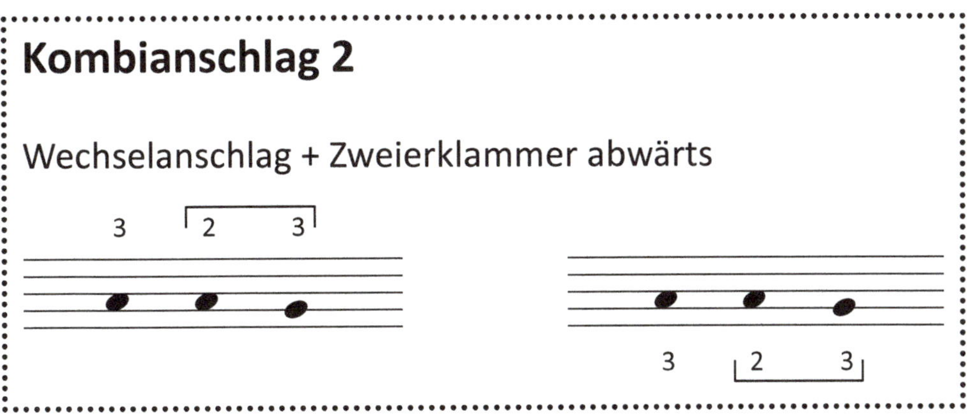

28. Laterne

Volkslied

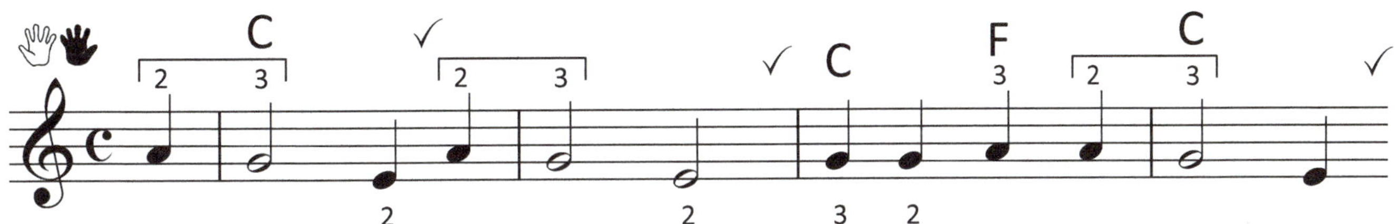

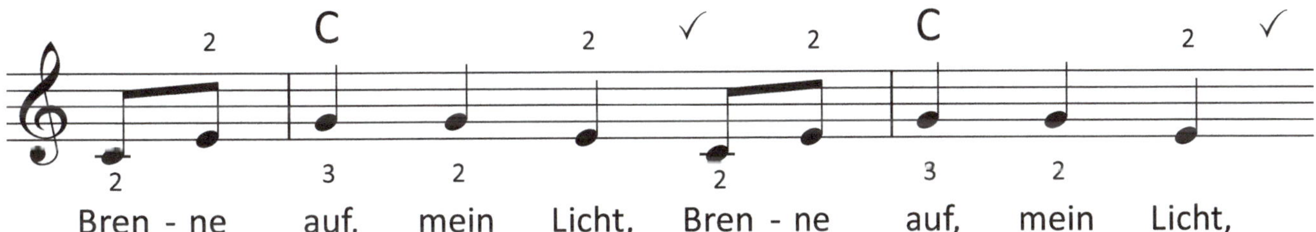

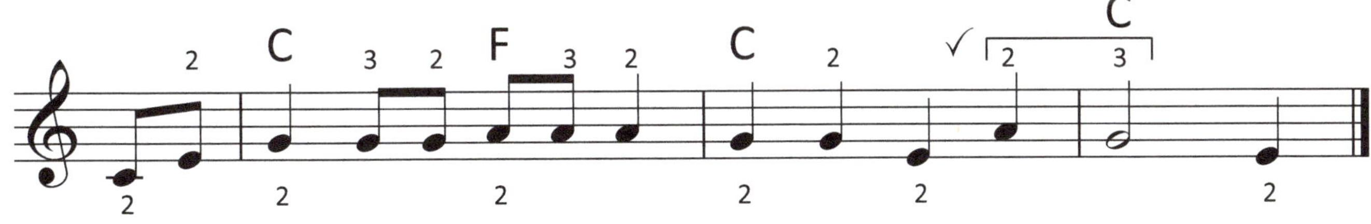

Wie oft steckt diese Melodiefolge 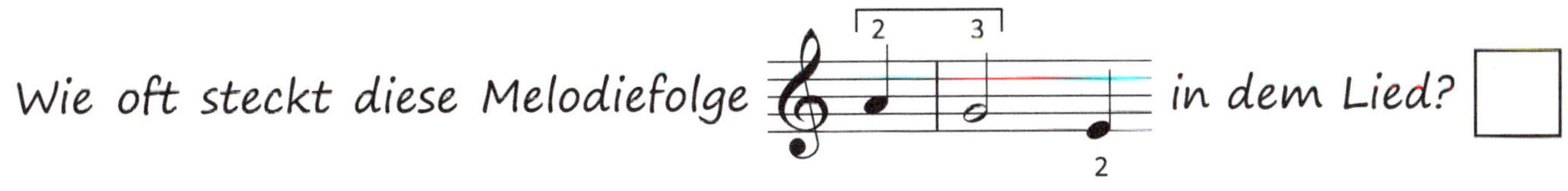 in dem Lied? ☐

Umkreise alle Stellen, an denen sie auftaucht.

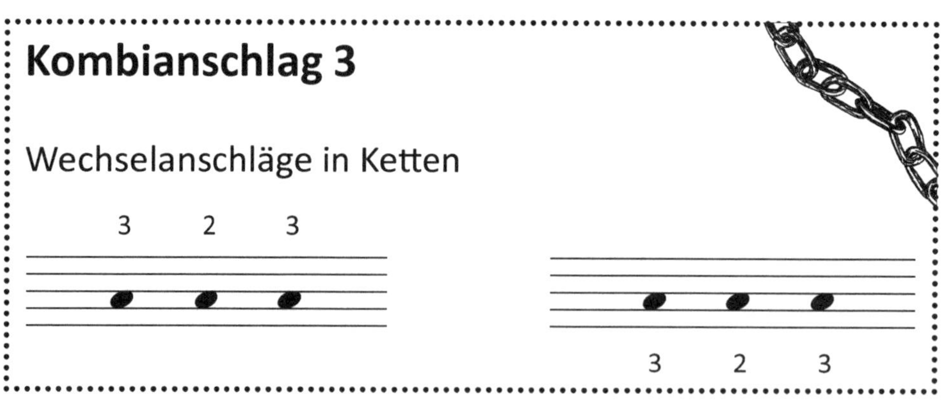

Kombianschlag 3

Wechselanschläge in Ketten

29. Old MacDonald

aus Amerika

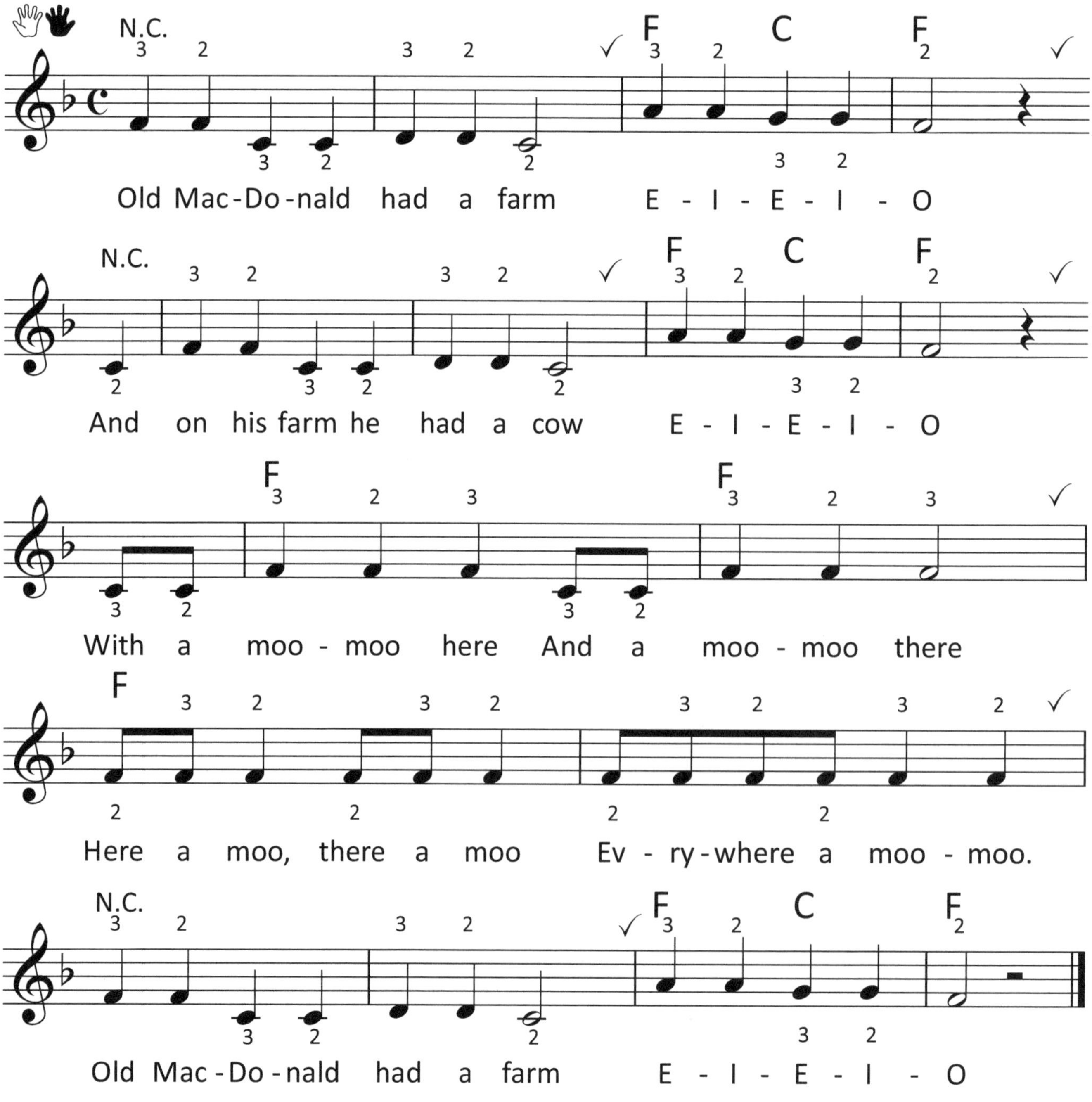

N.C. F C F

Old Mac-Do-nald had a farm E - I - E - I - O

N.C. F C F

And on his farm he had a cow E - I - E - I - O

F F

With a moo - moo here And a moo - moo there

F

Here a moo, there a moo Ev - ry-where a moo - moo.

N.C. F C F

Old Mac-Do-nald had a farm E - I - E - I - O

2. Old MacDonald ...
And on his farm he had a pig,
E-I-E-I-O.
With a oink oink here,
And a oink oink there.
Here a oink, there a oink,
Everywhere a oink oink.
Old MacDonald ...

3. Old MacDonald ...
And on his farm he had a duck,
E-I-E-I-O.
With a quack quack here,
And a quack quack there.
Here a quack, there a quack,
Everywhere a quack quack.
Old MacDonald ...

4. Old MacDonald ...
And on his farm he had a horse,
E-I-E-I-O.
With a neigh neigh here,
And a neigh neigh there.
Here a neigh, there a neigh,
Everywhere a neigh neigh.
Old MacDonald ...

5. Old MacDonald ...
And on his farm he had a lamb,
E-I-E-I-O.
With a baa baa here,
And a baa baa there.
Here a baa, there a baa,
Everywhere a baa baa.
Old MacDonald ...

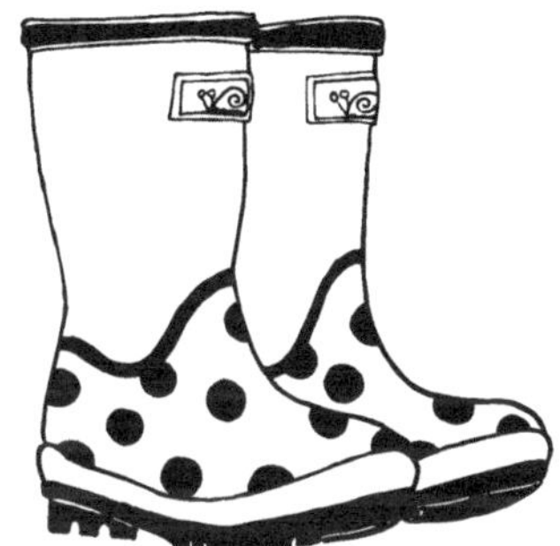

An den Stellen E-I-E-I-O können zwei Begleitstimmen einsetzen.

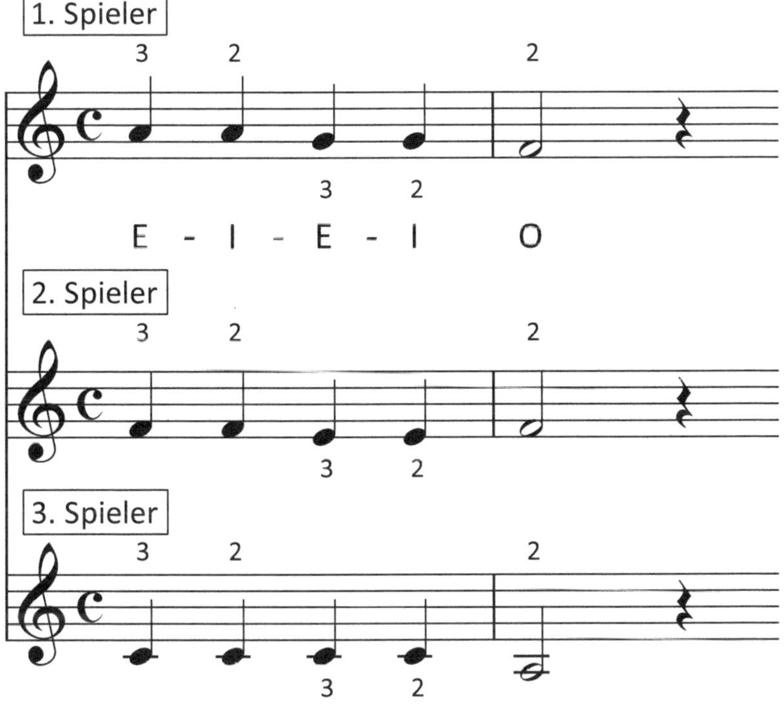

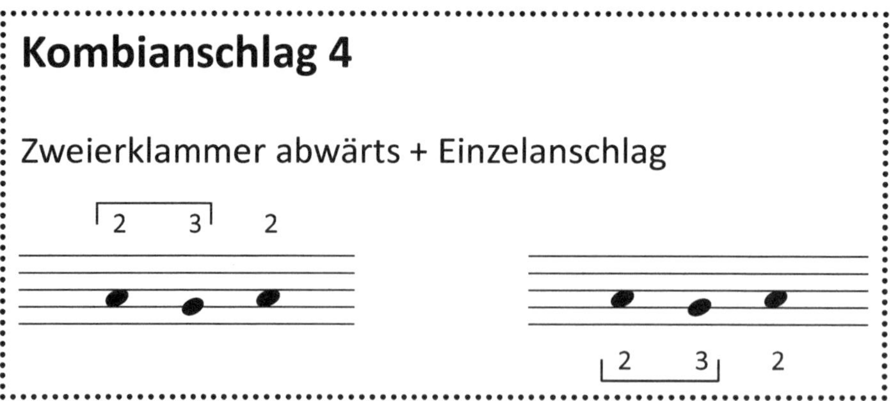

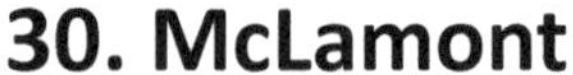

30. McLamont

Altenglische Melodie

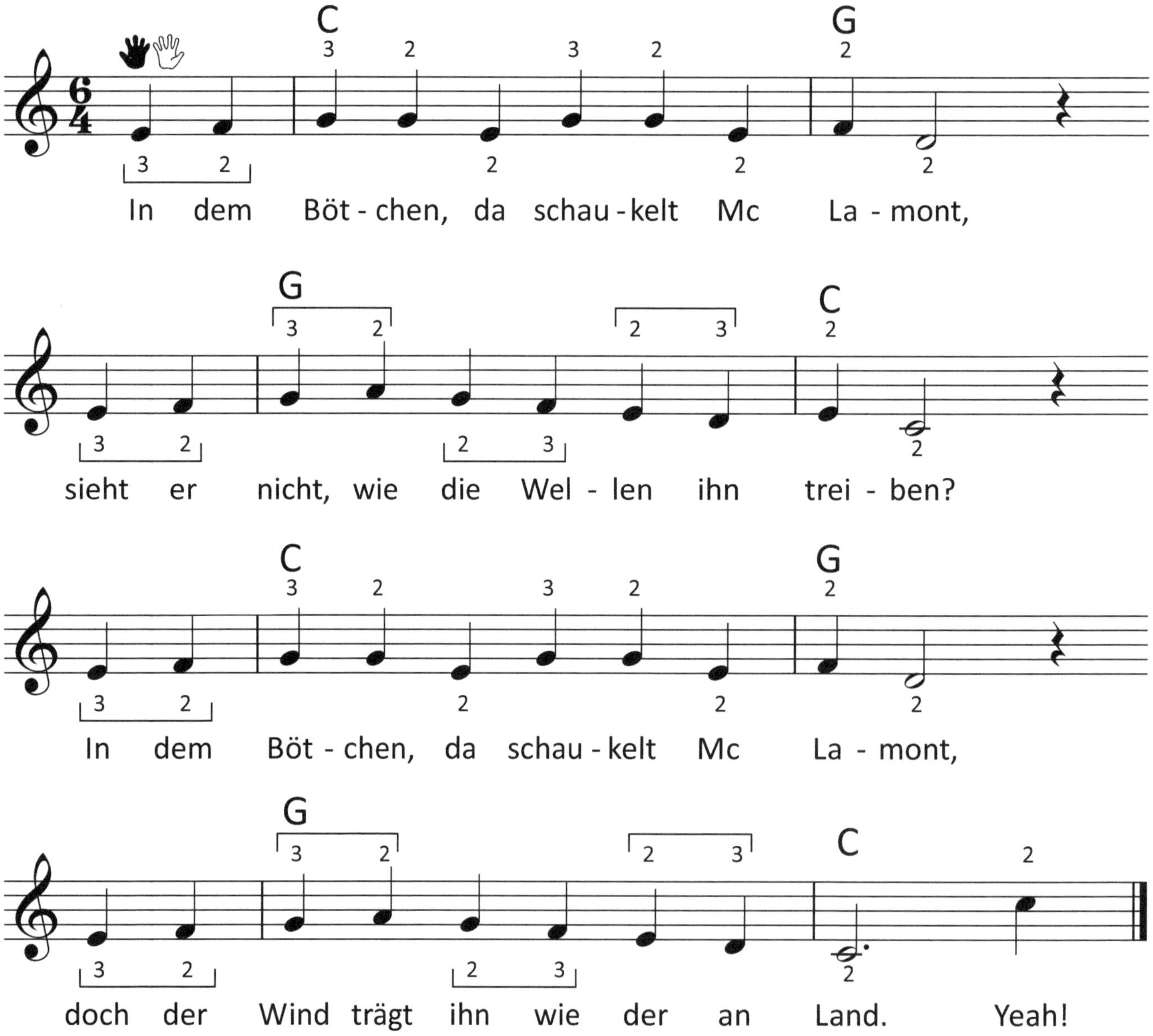

C G
In dem Böt - chen, da schau - kelt Mc La - mont,

G C
sieht er nicht, wie die Wel - len ihn trei - ben?

C G
In dem Böt - chen, da schau - kelt Mc La - mont,

G C
doch der Wind trägt ihn wie der an Land. Yeah!

31. Lasst uns froh und munter sein

Volkslied

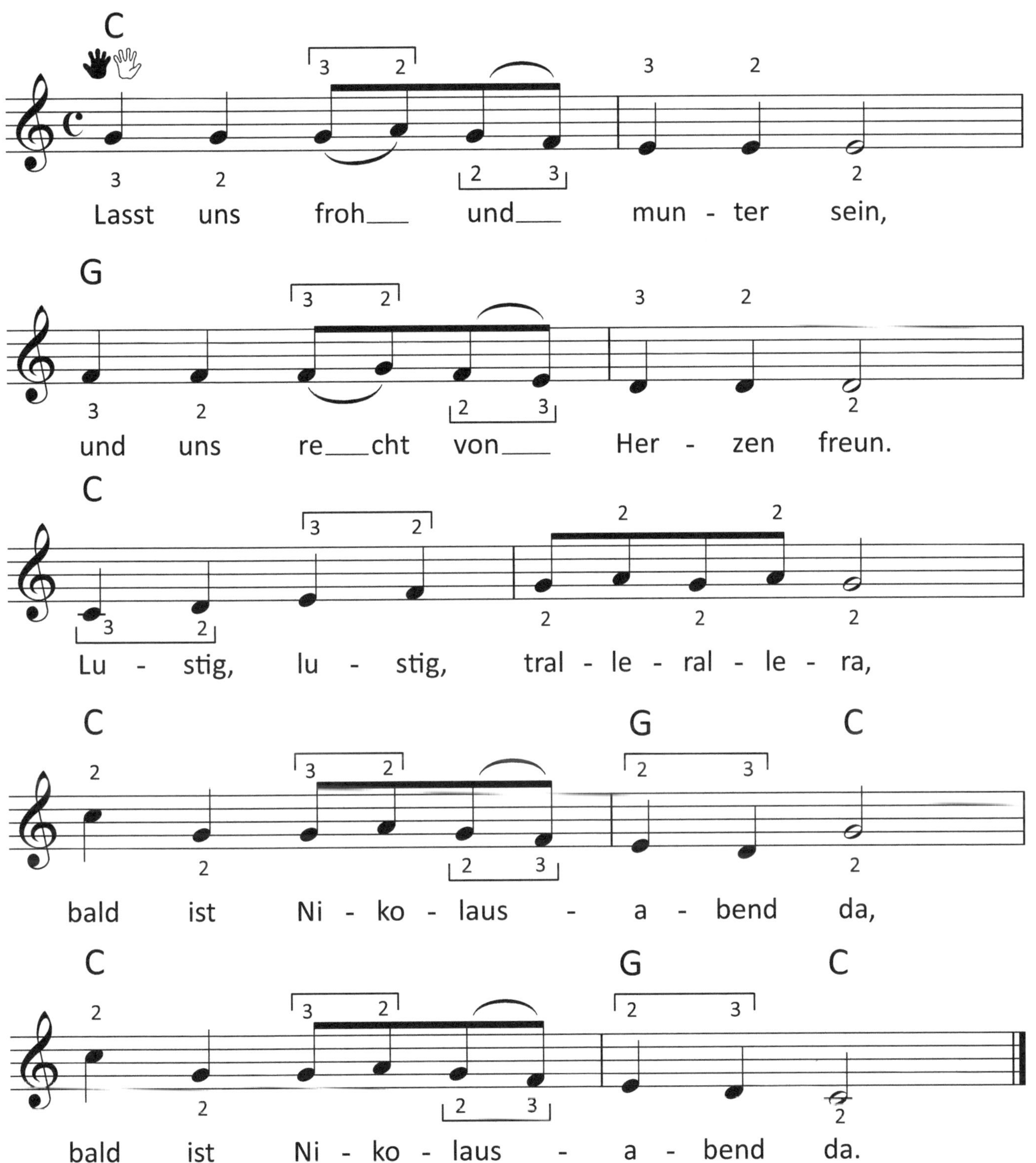

2. Dann stell ich den Teller auf, Nikolaus legt gewiss was drauf. Lustig ...

3. Wenn ich schlaf, dann träume ich: Jetzt bringt Nikolaus was für mich. Lustig ...

4. Wenn ich aufgestanden bin, lauf ich schnell zum Teller hin. Lustig ...

5. Nikolaus ist ein braver Mann, den man nicht genug loben kann. Lustig ...

32. Zum neuen Jahr

Volkslied

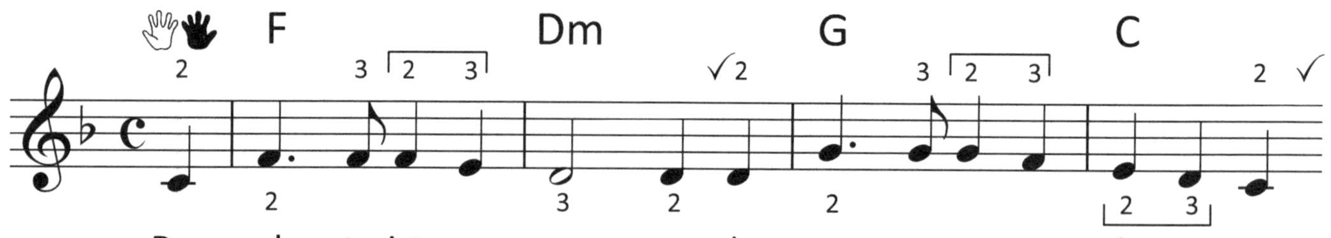

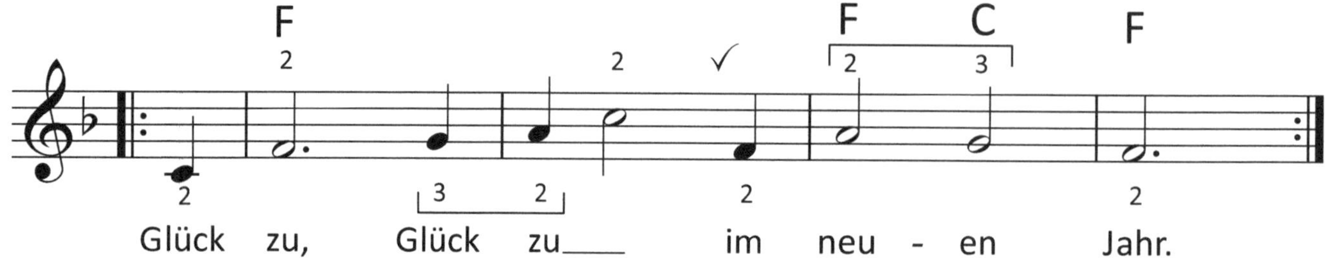

2. Das alte lasst uns schließen,
das neue freundlich grüßen.
Glück zu...

3. Es bringt dir Heil und Segen,
viel Freuden allerwegen.
Glück zu...

4. Frisch auf zu neuen Taten,
hilf Gott, es wird geraten.
Glück zu...

33. Kumba yah

aus Afrika

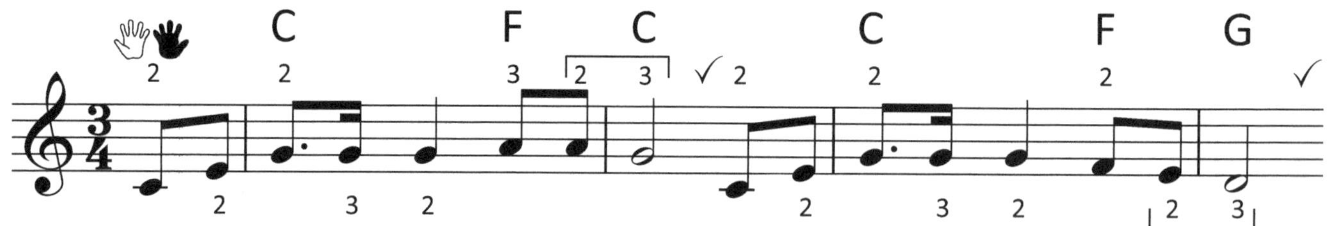

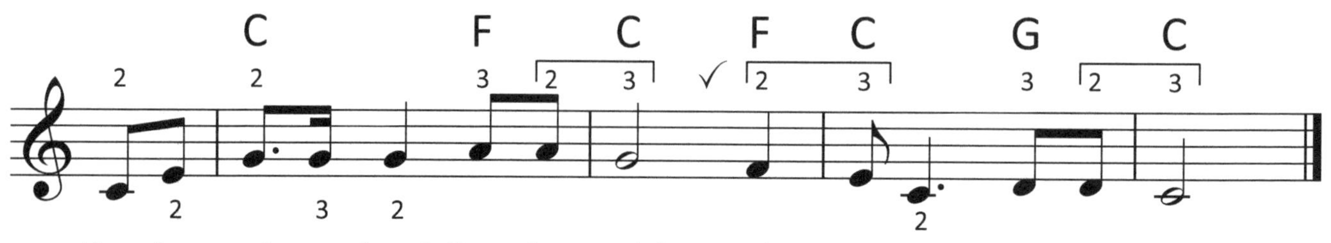

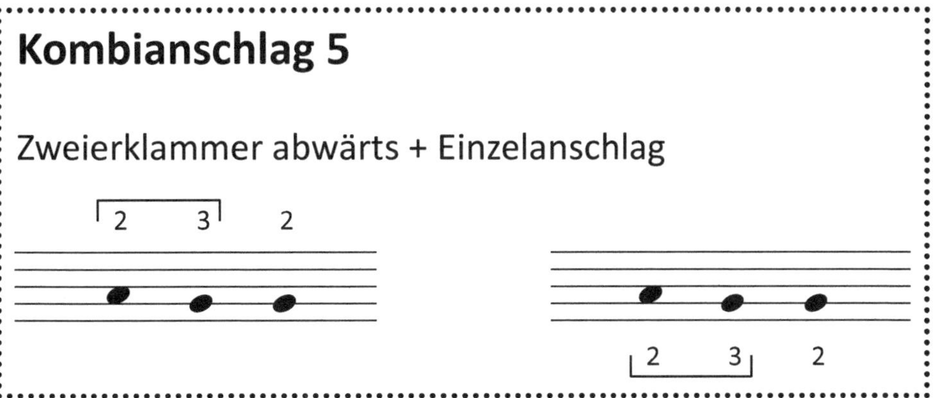

34. Diddle, diddle

aus England

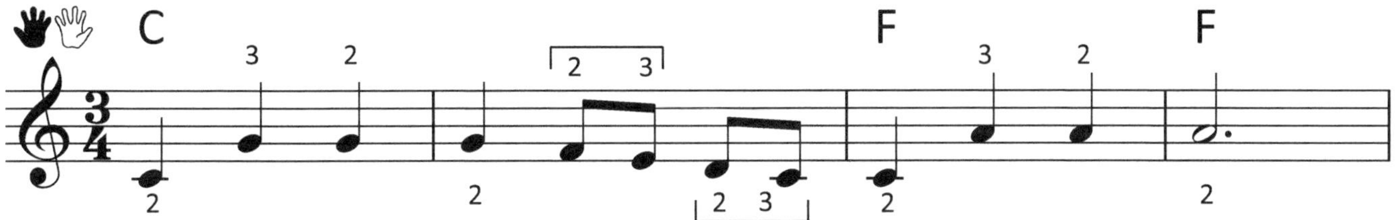

La - ven - der's green did - dle did - dle, La - ven - der's blue.

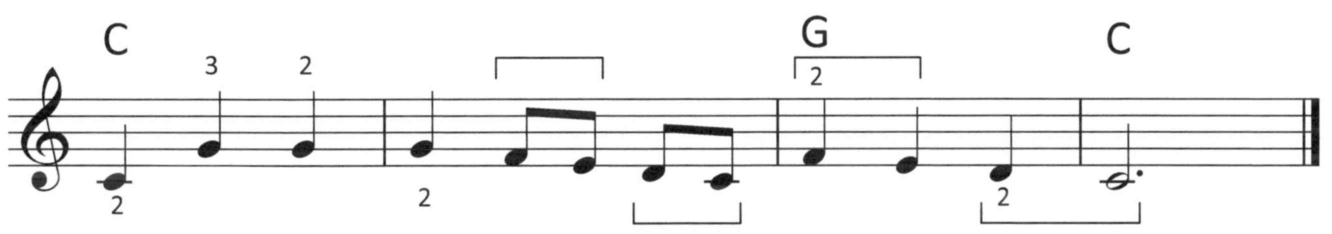

You must love me, did - dle did - dle, Cause I love you.

Was ist die Quinte von ....? *Finde die dissonante Quinte.*

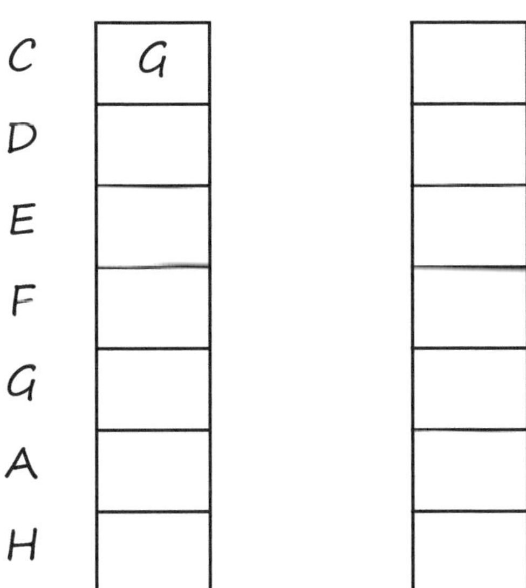

c'	d'	e'	f'	g'	a'	h'	c''	d''	e''	f''	g''	a''	h''	c'''

Kombianschlag 6

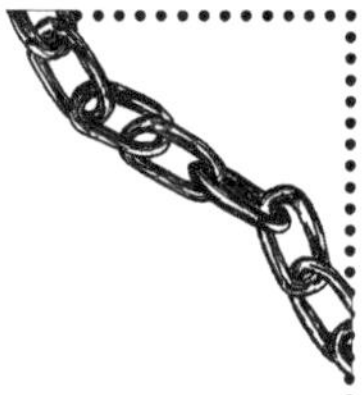

Wechselanschläge in Ketten

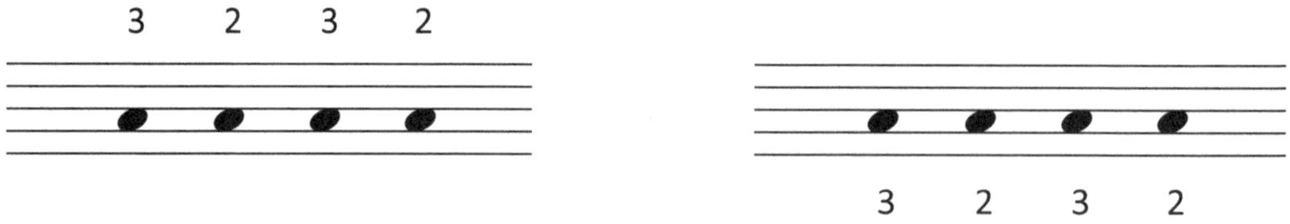

3 2 3 2

3 2 3 2

Kombianschlag 7

Zweierklammer abwärts in Ketten

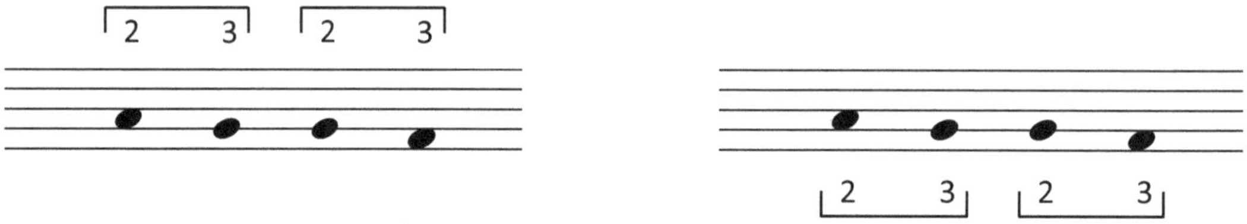

2 3 2 3

2 3 2 3

Kombianschlag 8

Zweierklammern auf- und abwärts

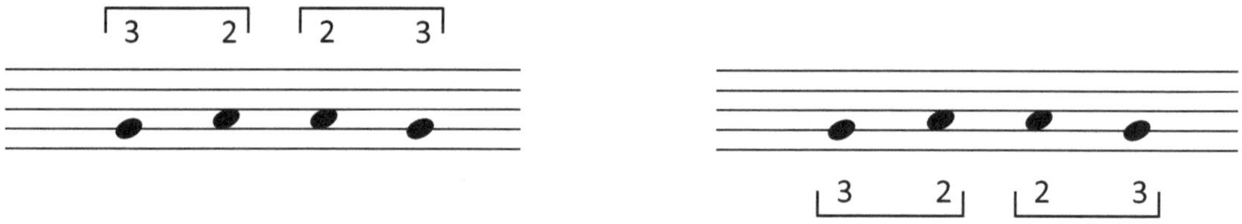

3 2 2 3

3 2 2 3

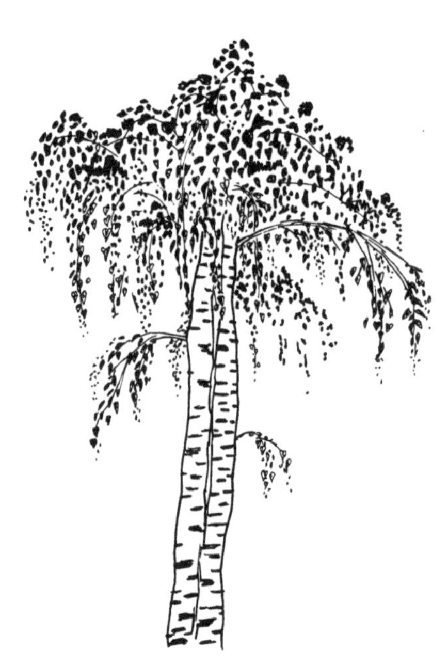

35. Stand ein Birkenbaum

aus Russland

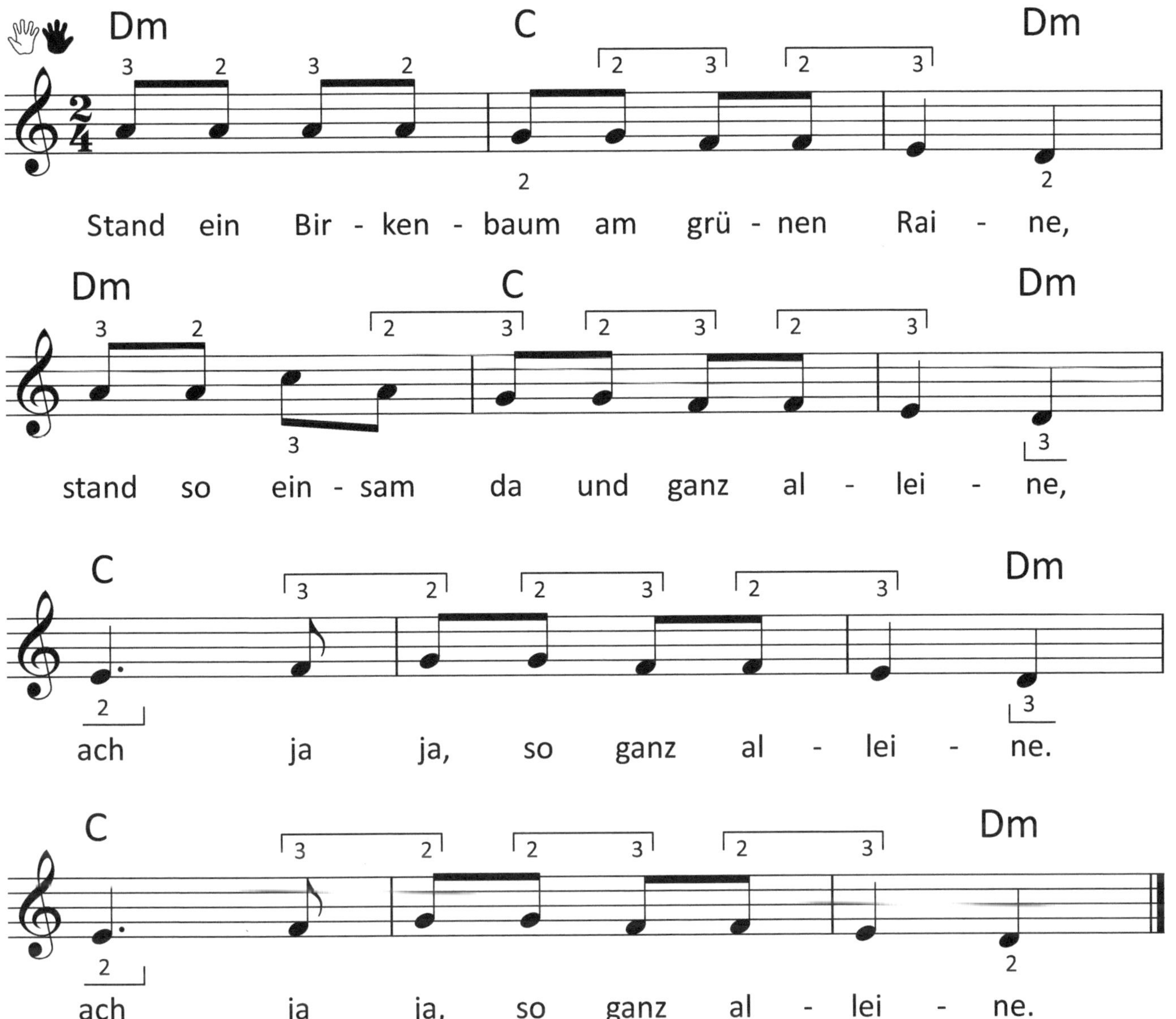

2. Niemand ging, sich unter ihm zu strecken,
niemand brach sich von ihm einen Stecken,
ach ja ja, sich einen Stecken.

3. Ei, so will ich auf das Feld dann gehen,
will man nach dem Birkenbaume sehen,
nach dem Birkenbaume sehen.

4. Lass drei Zweiglein mir von ihm schenken,
mach drei Pfeifchen draus zum Angedenken,
ach ja ja, zum Angedenken.

5. Aus dem vierten mach ich eine Fiedel,
spiele mir darauf ein lustig Liedel,
ach ja ja, ein lustig Liedel.

Hier hat die linke Hand wenig zu tun. Tausche auch mal die Hände.

36. Oh When the Saints

Gospel

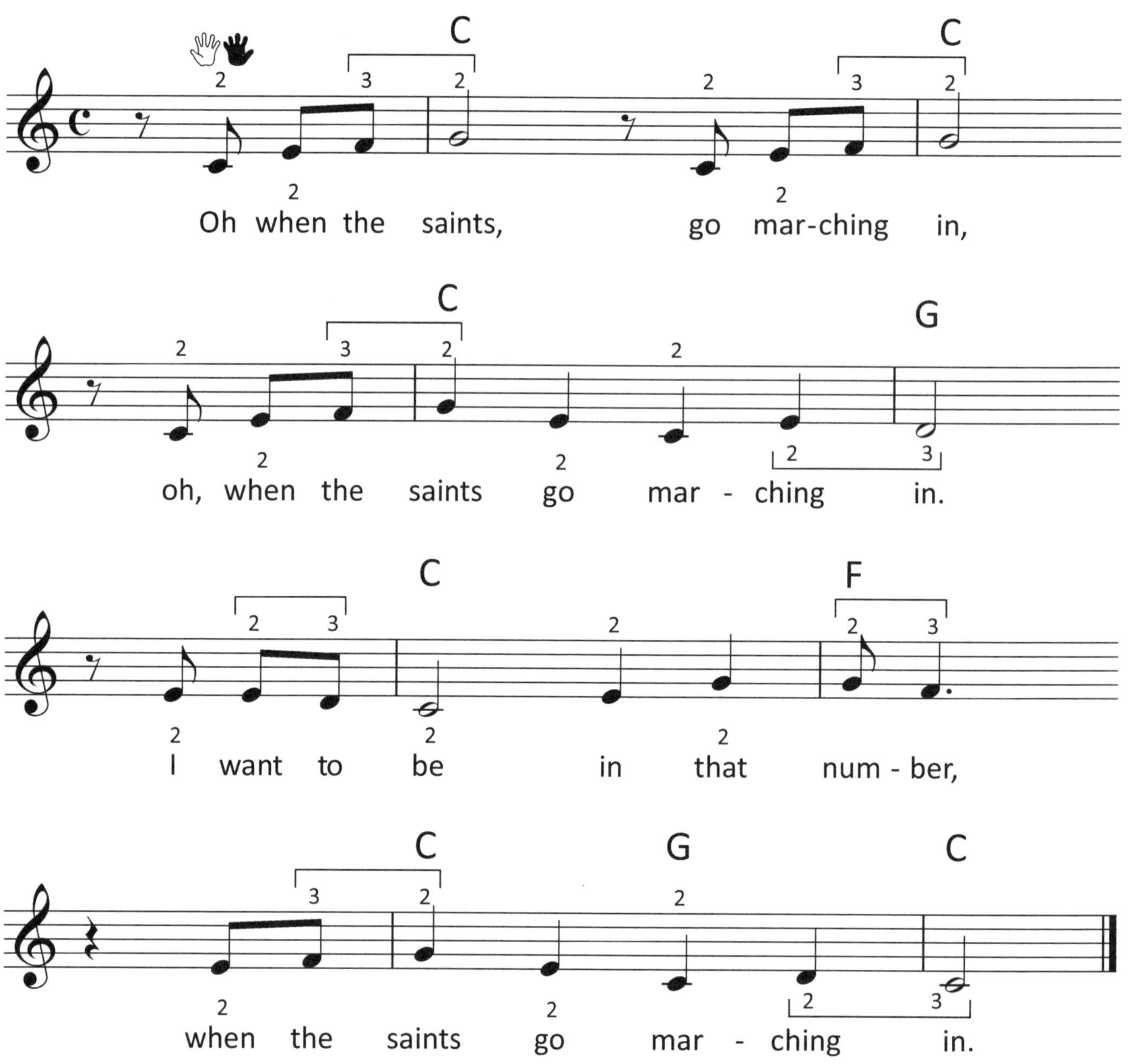

Hier sind drei Fehler versteckt. Korrigiere die Fehler:

c'	d'	e'	f'	g'	a'	b'	c''	d''	e''	g''	f''	a''	h''	c'''

37. Biene

Volkslied
Text: Hoffmann von Fallersleben (1798-1874)

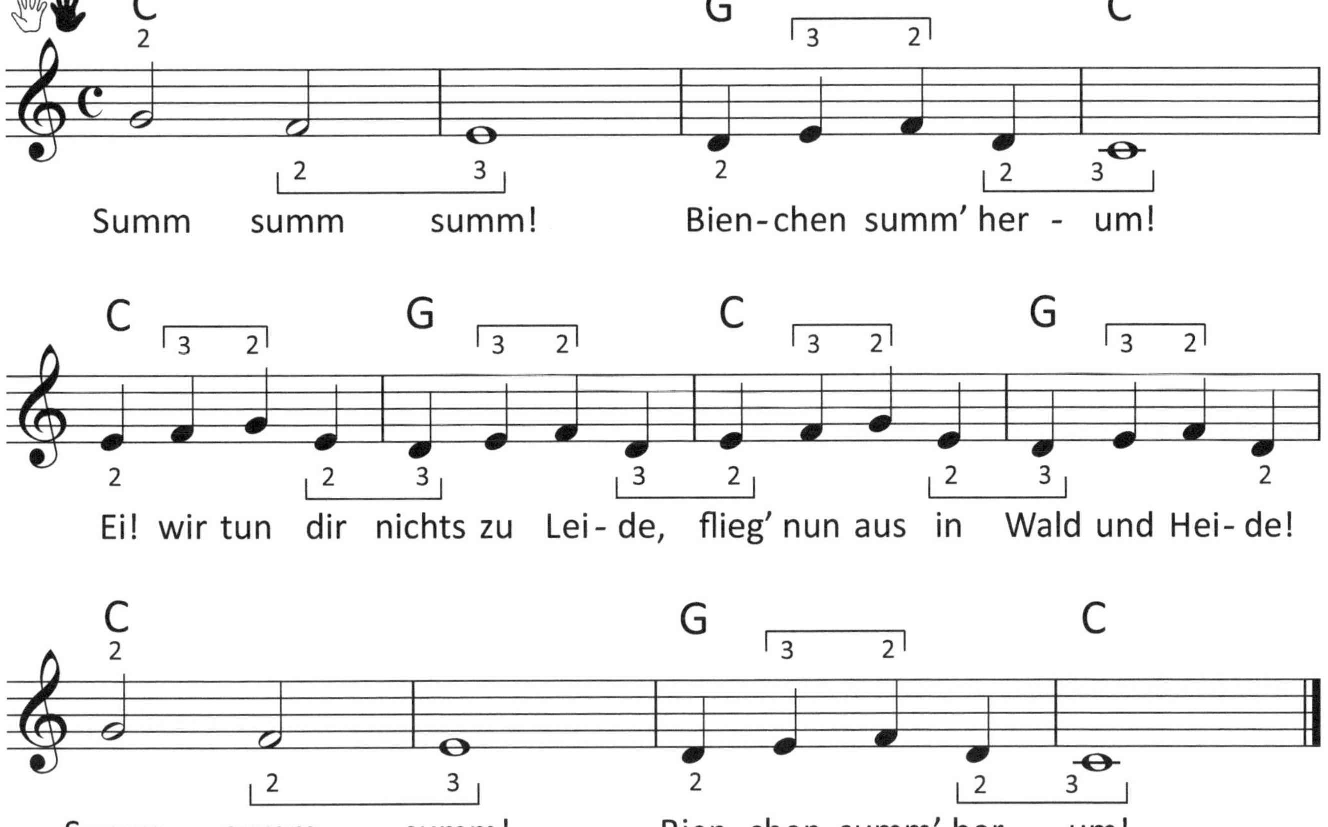

2. Summ, summ ...
Such in Blüten, such in Blümchen
Dir ein Tröpfchen, dir ein Krümchen,
Summ, summ ...

3. Summ, summ ...
Kehre heim mit reicher Habe,
Bau uns manche volle Wabe,
Summ, summ ...

4. Summ, summ ...
Wollen bei den Christgeschenken
freudig deiner auch gedenken,
Summ, summ ...

5. Summ, summ ...
Mit dem Wachsstock dann wir suchen
Pfeffernüss und Honigkuchen,
Summ, summ ...

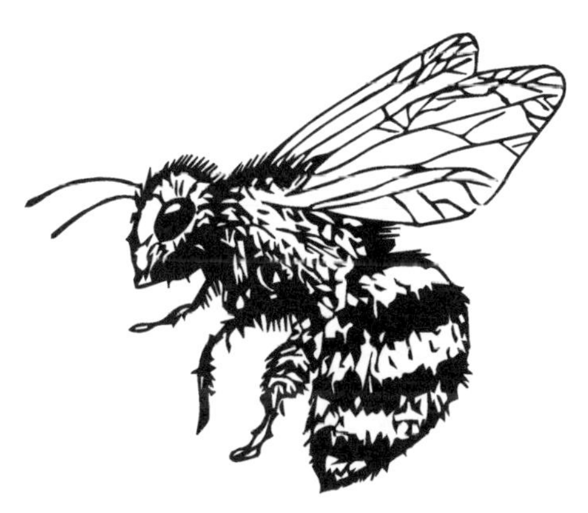

Kombianschlag 9

Wechselanschlag + Einzelanschlag mit dem 3. Finger

3 2 3

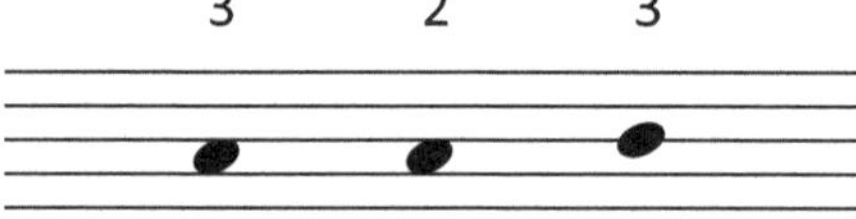

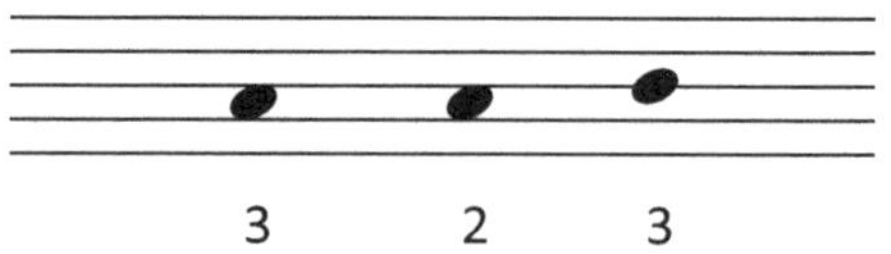

3 2 3

Kombianschlag 10

Wechselanschläge mit Springen

3 2 3 2 3 2

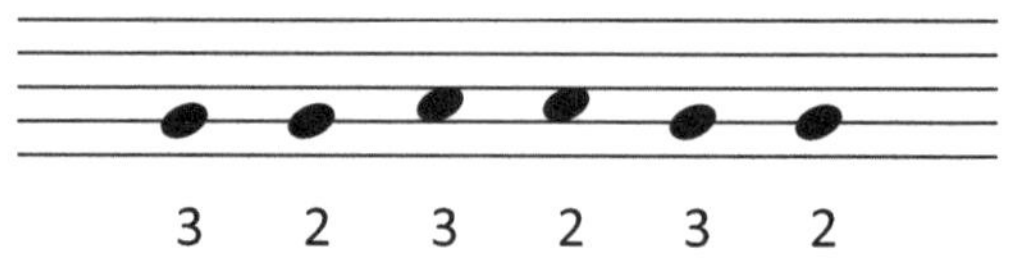

3 2 3 2 3 2

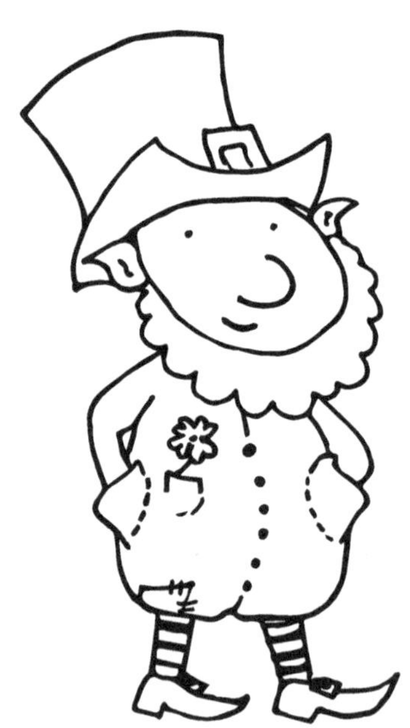

38. Taler, Taler

Volkslied

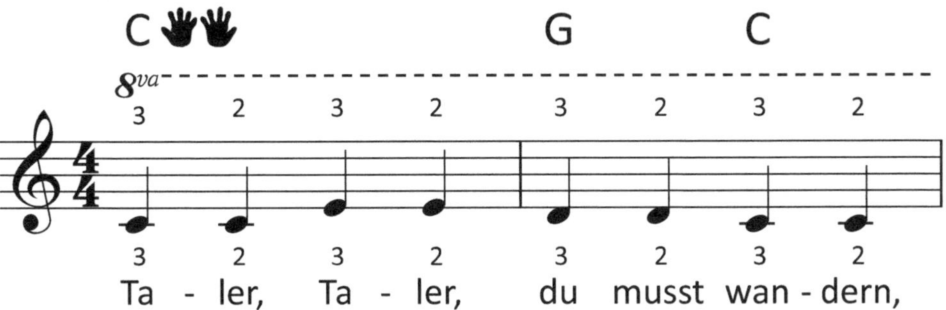

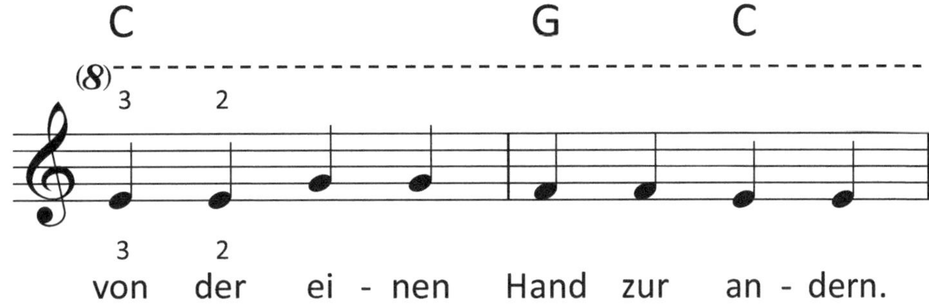

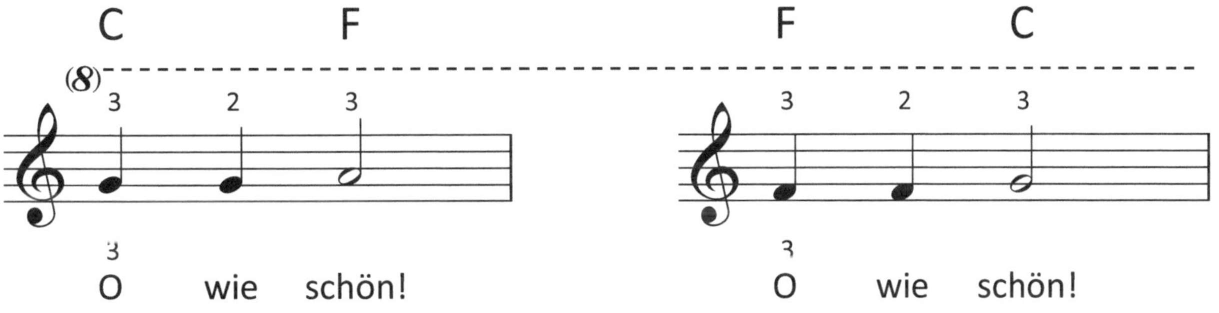

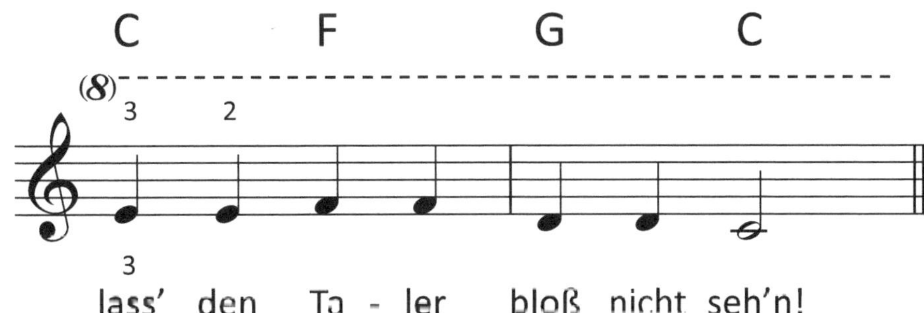

Bei diesem Lied spielt eine Hand alleine die Melodie.
Spiele mit der rechten Hand eine Oktave höher als notiert und dann, wenn du es mit jeder Hand alleine gut kannst, mit beiden Händen unisono.

Unisono: wenn mehrere Stimmen das Gleiche spielen.

39. Alle Vögel sind schon da

Volkslied

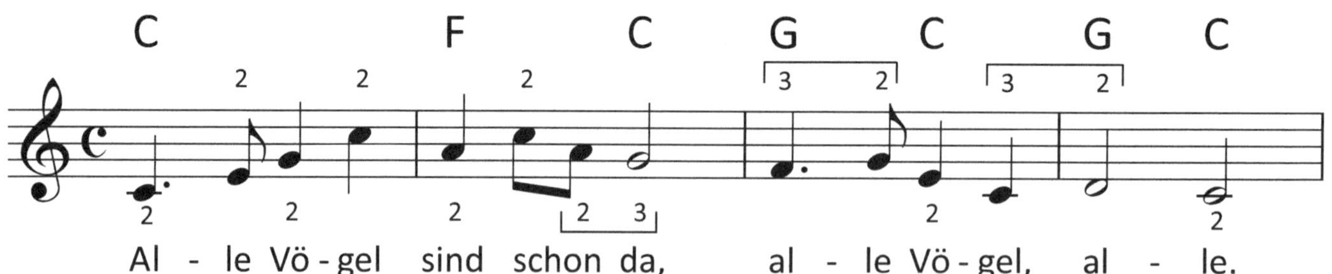

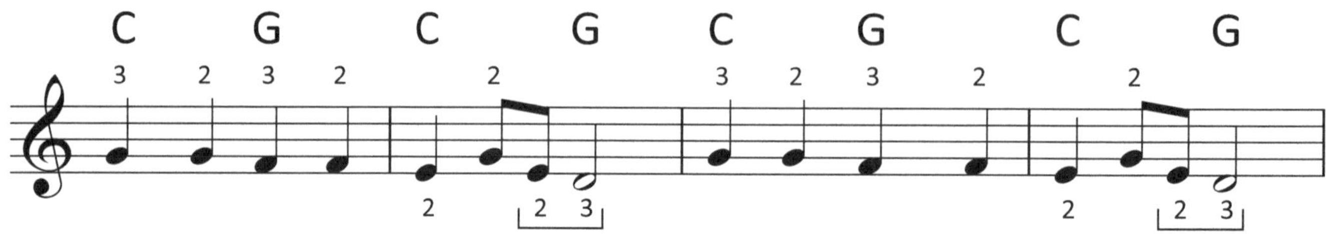

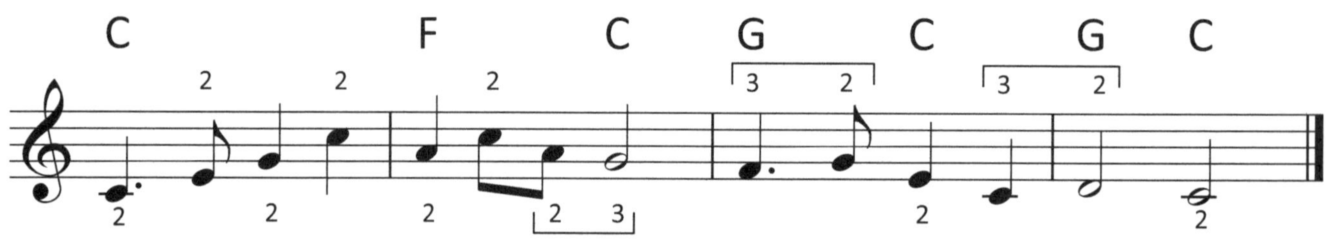

2. Wie sie alle lustig sind,
flink und froh sich regen!
Amsel, Drossel, Fink und Star
und die ganze Vogelschar
wünschen dir ein frohes Jahr,
lauter Heil und Segen.

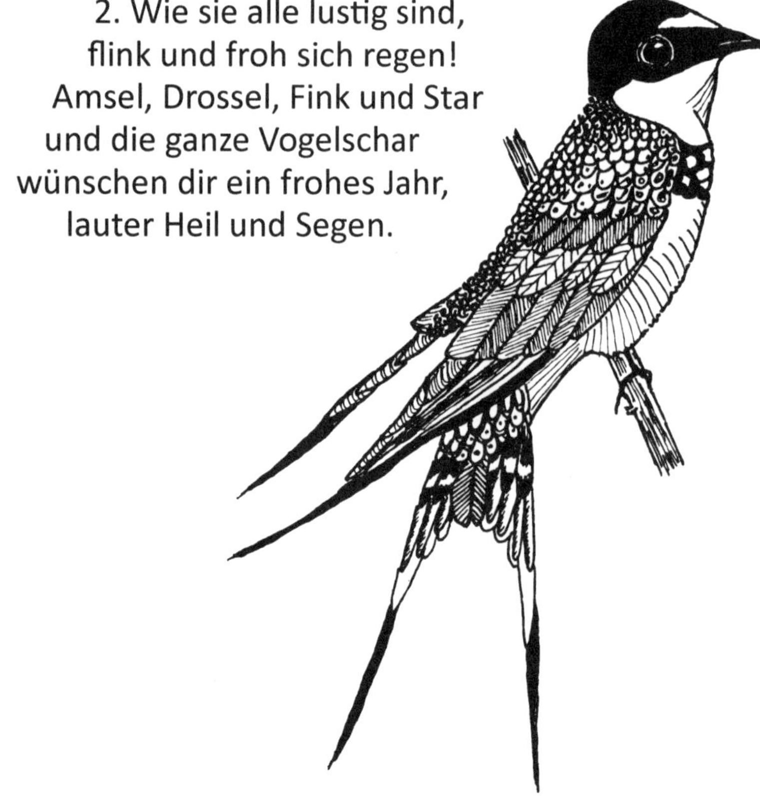

3. Was sie uns verkünden nun,
nehmen wir zu Herzen:
Wir auch wollen lustig sein,
lustig wie die Vögelein,
hier und dort, feldaus, feldein,
singen, springen, scherzen.

40. Nebel

Walther Pudelko (1901-1944)

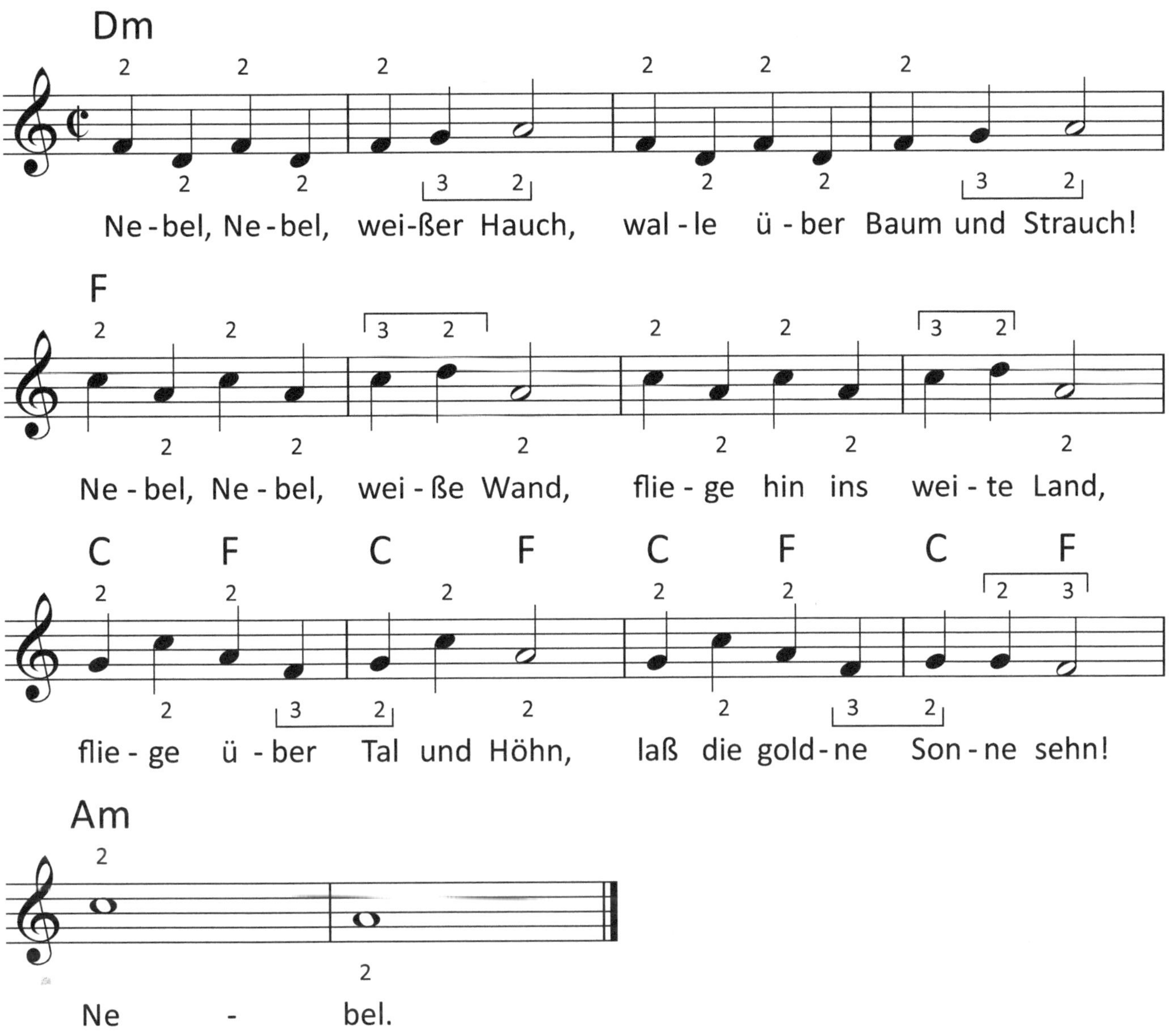

Dm

Ne-bel, Ne-bel, wei-ßer Hauch, wal-le ü-ber Baum und Strauch!

F

Ne-bel, Ne-bel, wei-ße Wand, flie-ge hin ins wei-te Land,

C F C F C F C F

flie-ge ü-ber Tal und Höhn, laß die gold-ne Son-ne sehn!

Am

Ne - bel.

Da hat doch jemand einfach einige Töne der Tonleiter gestohlen. Füge du sie wieder ein.

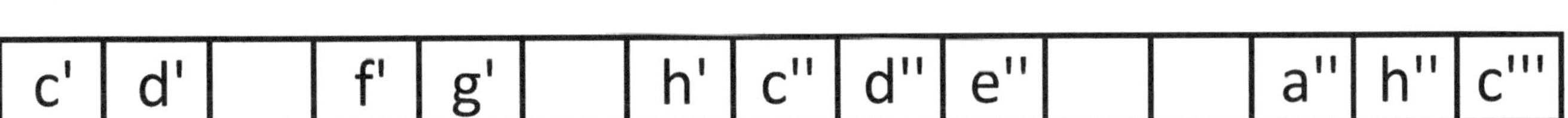

c'	d'		f'	g'		h'	c''	d''	e''			a''	h''	c'''

41. Billy the Kid

aus Amerika

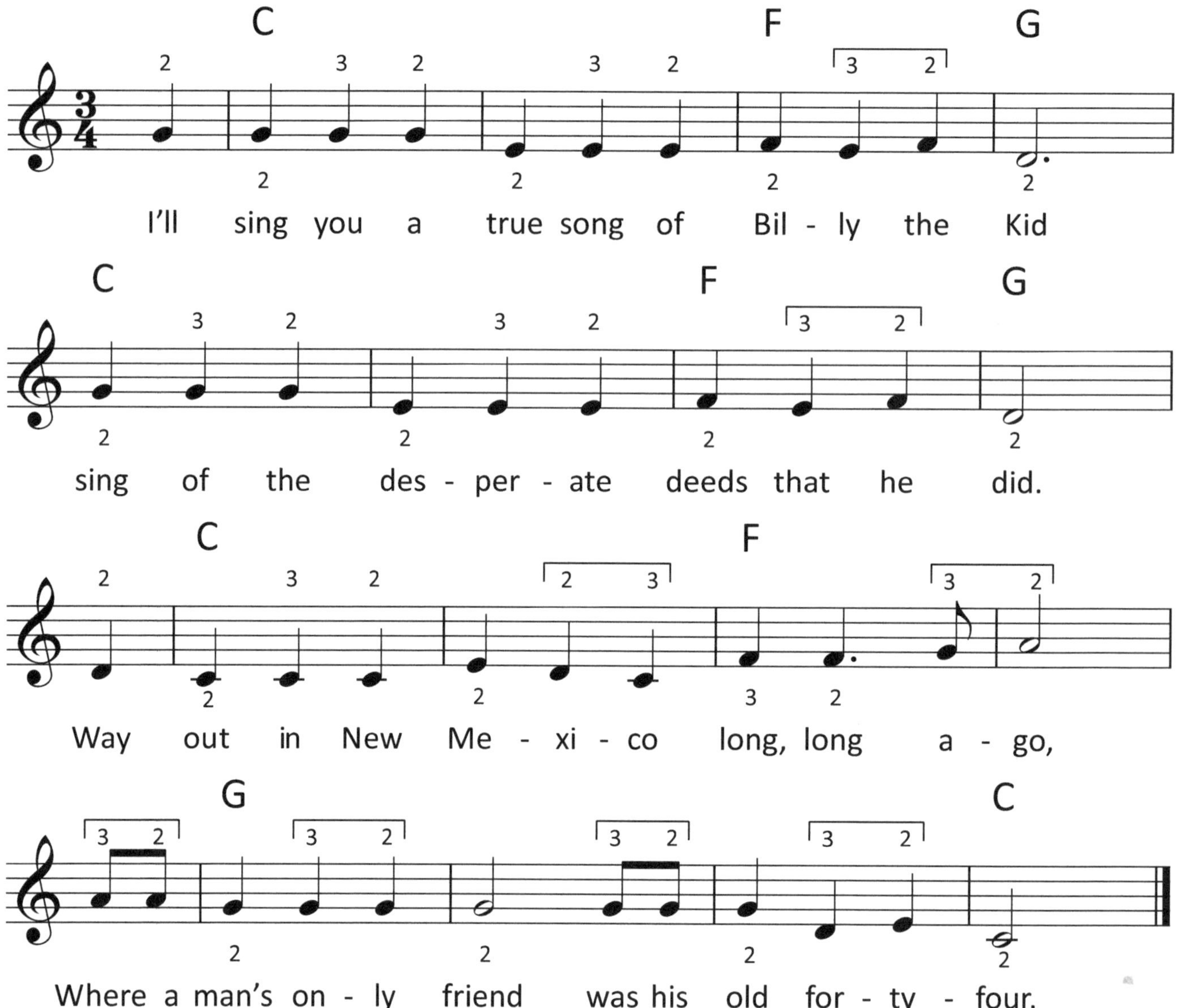

2. When Billy the Kid was a very young lad
In old Silver City he went to the bad
Way out in the West with a gun in his hand
At the age of twelve years he did kill his first man.

3. There's Mexican maidens play guitars and sing
Songs about Billy, their boy bandit king
How there's a young man who had reached his sad end
Had a notch an his pistol for twenty one men!

4. It was on the same night when poor Billy died
He said to his friends, "I'm not satisfied
There are twenty one men I have put bullets through
Sheriff Pat Garrett must make twenty two!"

5. Now this ist how Billy the Kid met his fate
The bright moon was shinin', the hour was late
Shot down by Pat Garrett who once was his friend
The young outlaw's life had now reached its sad end.

42. Ah! Vous diray-je

aus Frankreich

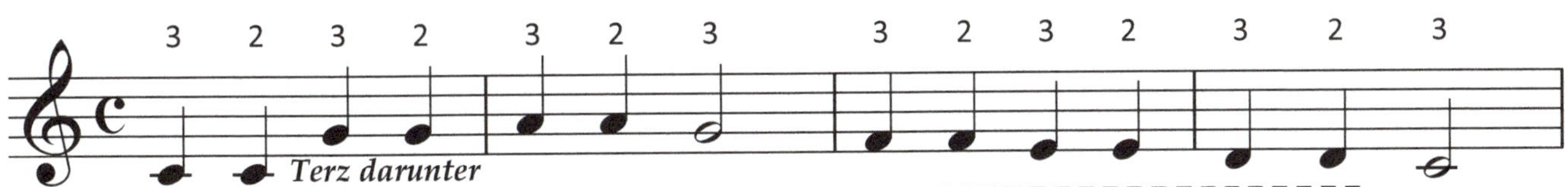

Ah! Vous di - ray - je ma - man, Ce qui cau - se mon tour - ment?

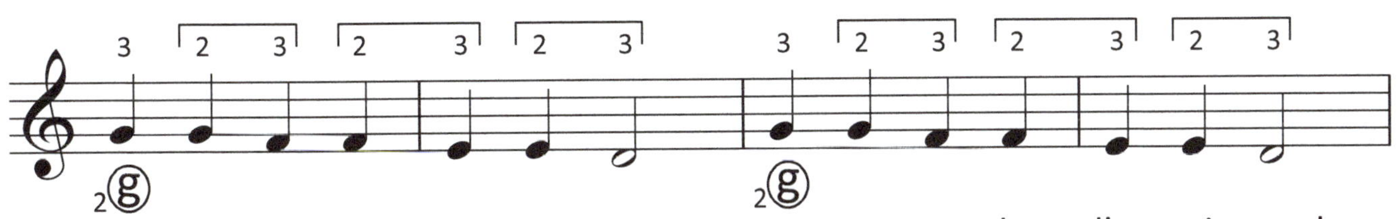

De - puis que j'ai vu Sil - vante, Me re - gar - der d'un air tendre,

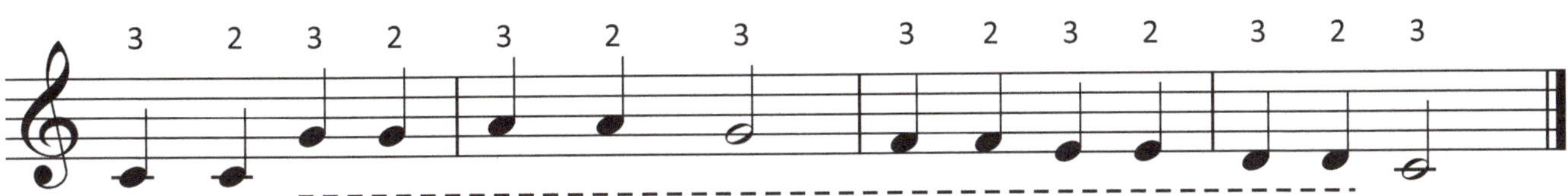

Mon cœur dit à cha - que in - stant: «Peut on vi - vre sans a - mant.»

Spiele die erste und dritte Zeile dieses Liedes mit einer Hand alleine, erst mit der rechten, dann mit der linken Hand.
Wenn du beides gut geübt hast, übernimmt die linke Hand eine besondere Aufgabe:
An den markierten Stellen -------- (Terz darunter) spielt die linke Hand die gleiche Melodie wie rechts, aber um eine Terz nach unten versetzt.
Das bedeutet, dass die linke Hand mit einem e' beginnt.
In der zweiten Zeile begleitet die linke Hand an den zwei bezeichneten Stellen ⓖ mit einem tiefen g.

Dieses Lied hat in verschiedenen Ländern einen unterschiedlichen Text.

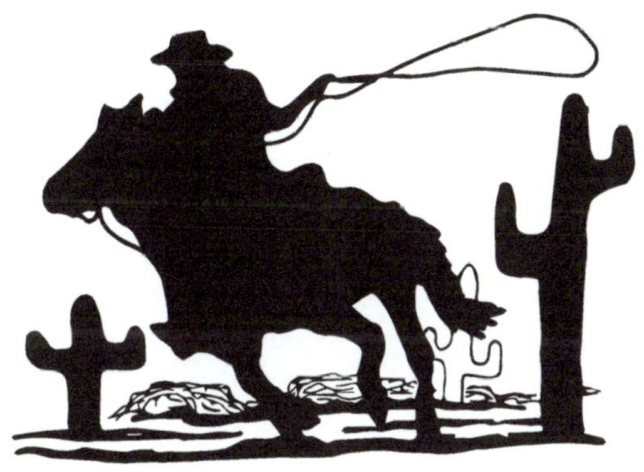

In Deutschland ist es ein Weihnachtslied

____

43. Meditation

MM

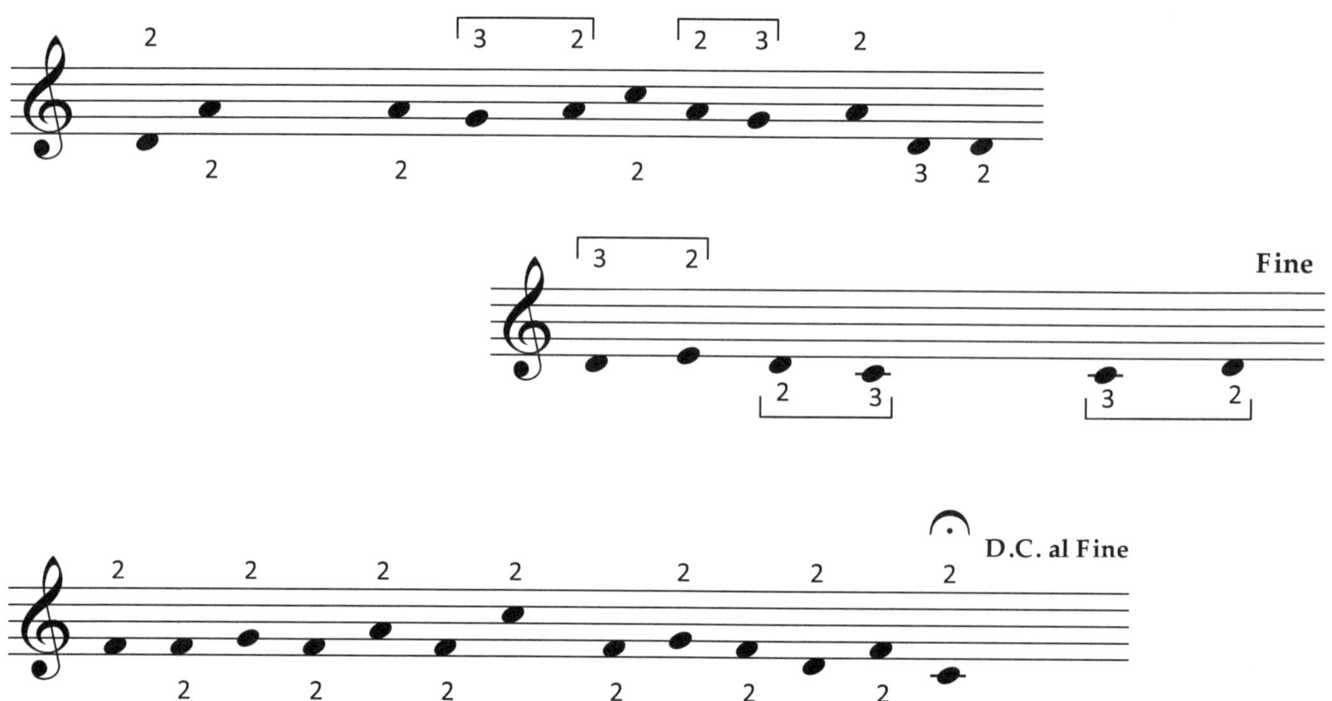

Bei dieser Meditation sind keine eindeutigen Tonlängen notiert. Du darfst also selbst entscheiden, wie lang oder wie schnell die Töne sind. Einen kleinen Anhaltspunkt gibt dir die Notation: Wenn die Noten dicht zusammenstehen, werden sie schneller, wenn sie weit auseinander stehen, langsamer gespielt.

> *Da Capo (D.C.)* bedeutet von vorne. *Al Fine* meint bis zum Ende. Spiele also noch einmal von vorne bis zu dem Wort *Fine*.

44. Woe Betyde Thy Wearie Bodie

aus Irland

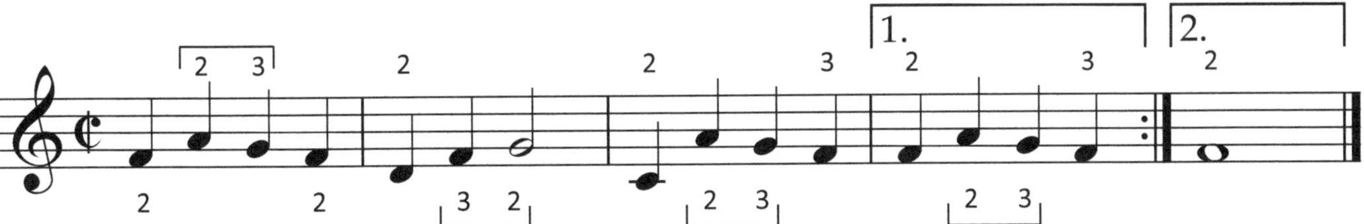

Von Haus zu Haus

Überspringe bei der Wiederholung die Töne im Haus 1 und gehe direkt ins Haus 2.

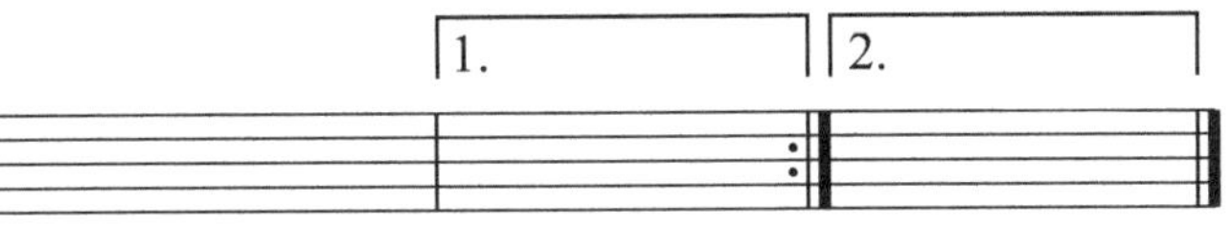

Welche Quinte auf deiner Harfe klingt dissonant?

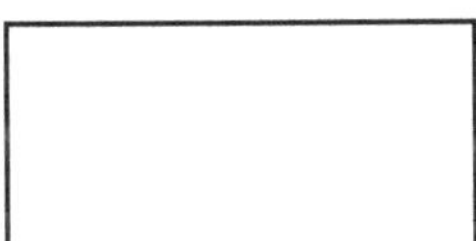

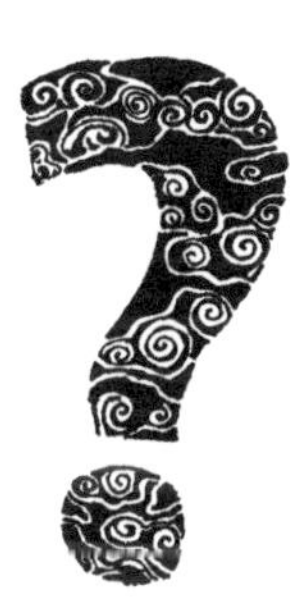

45. Guten Morgen

MM

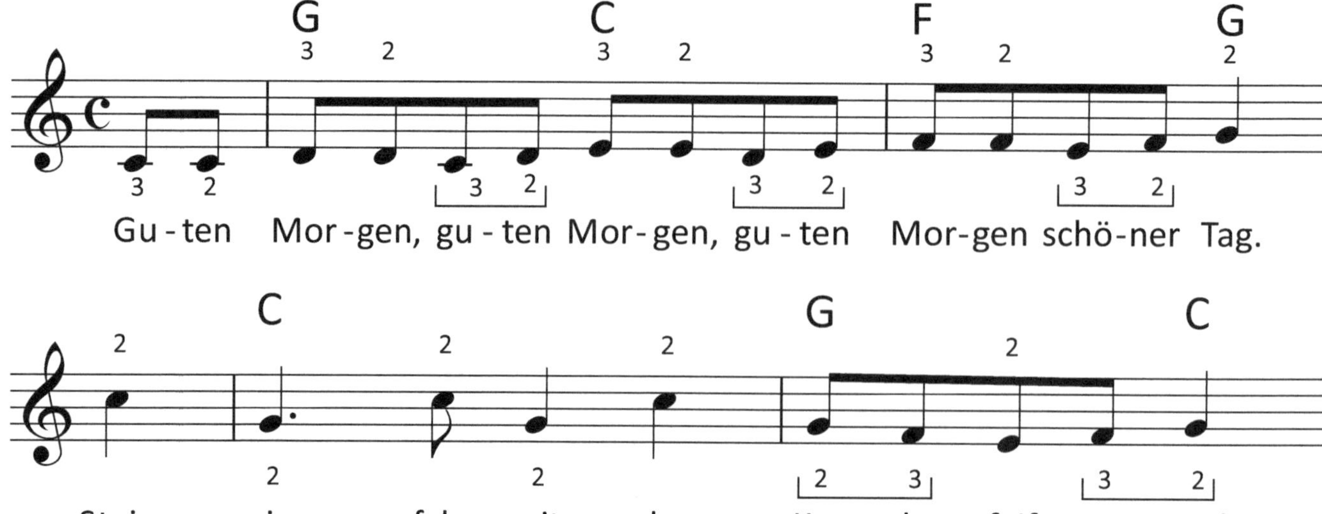

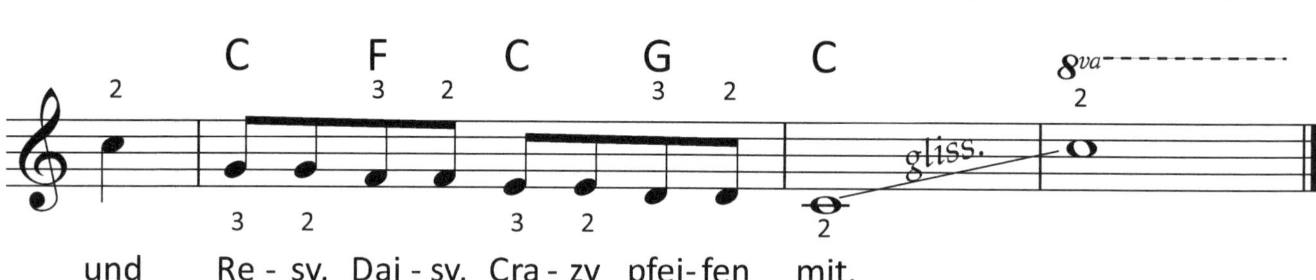

glissando: Streiche über alle Saiten der Harfe. Anfangs- und Endton sind notiert.

gliss.

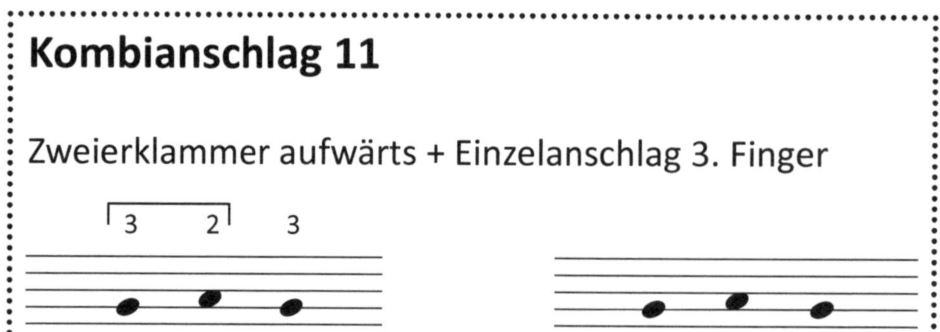

Kombianschlag 11

Zweierklammer aufwärts + Einzelanschlag 3. Finger

46. Kommt, ihr G'spielen

Volkslied

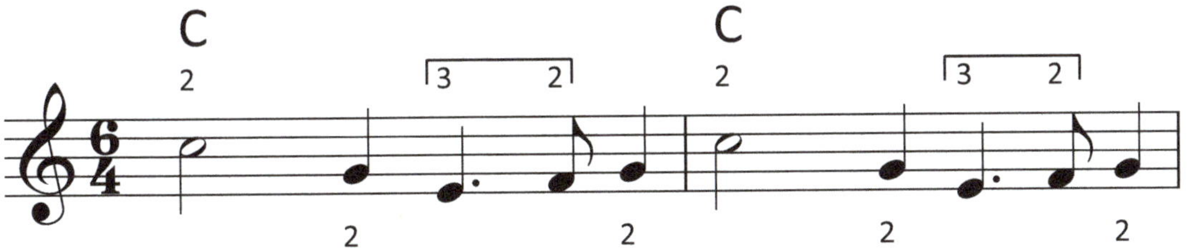

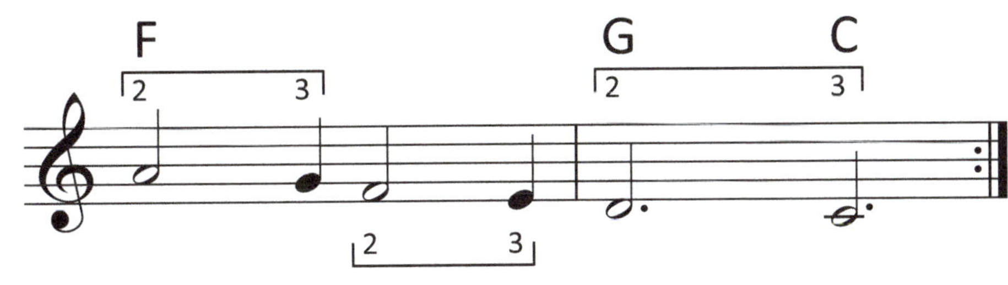

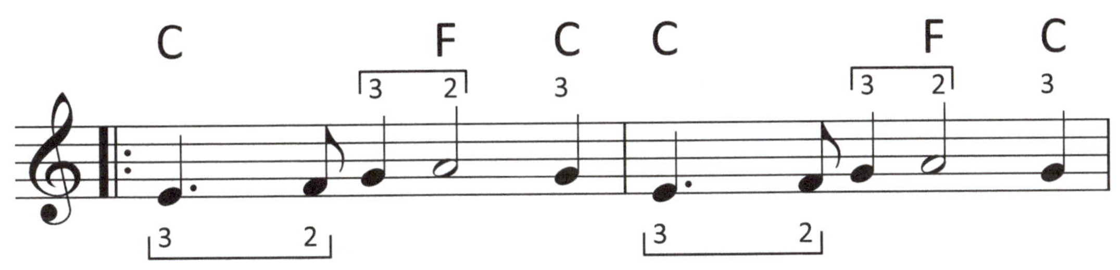

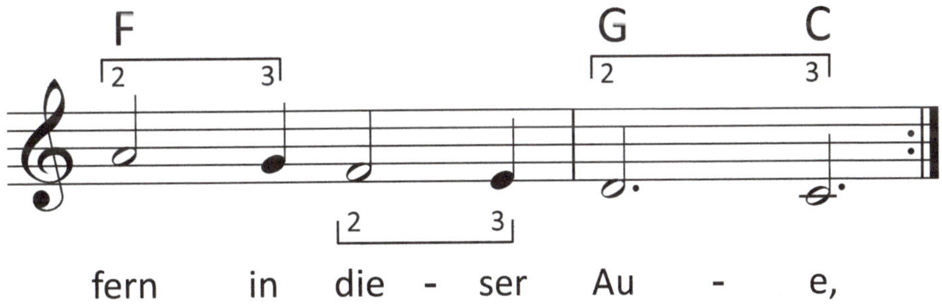

2. Hört, ihr Gsellen, die Hündlein bellen
Was wollen wir beginnen?
Lasset uns kriegen, lasset uns siegen,
Sommerlust gewinnen.

3. Hört, ihr Knaben, ihr schwarzen Raben,
Wollt ihr mit Mägdlein fechten?
Wehret euch rühmlich, wollen wir kühnlich
Um den Sommer rechten.

4. Auf, ihr Brüder, singt hoch und nieder,
Den Sommer zu gewinnen.
Ist es nicht Schande, weit in dem Lande,
Wenn wir uns besinnen.

5. Kommt ihr alle mit großem Schalle,
Wir woll'n den Mai begrüßen,
Wenn wir recht singen, wird es erklingen,
Uns die Zeit versüßen.

Ich habe von diesem Lied ein Video aufgenommen.
Du kannst es dir auf YouTube oder Vimeo anschauen.

47. Weißt du wie viel Sternlein stehen

Volkslied
Text: Wilhelm Hey (1789-1854)

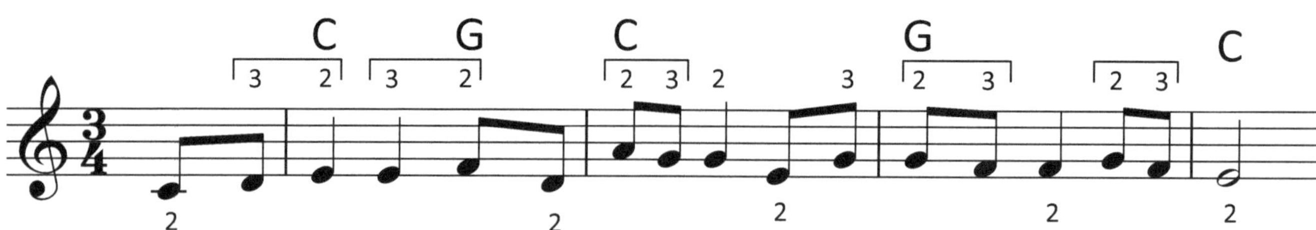

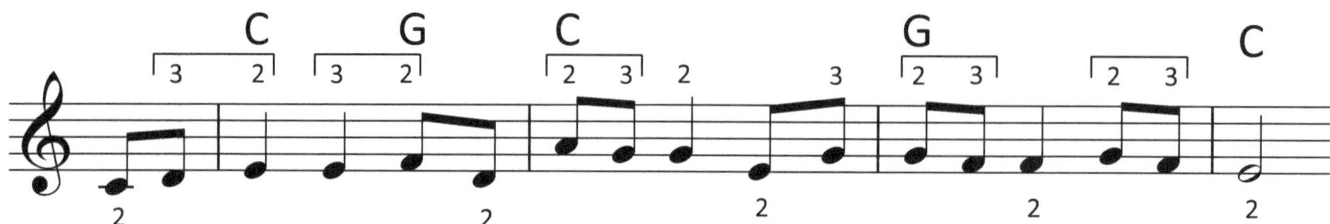

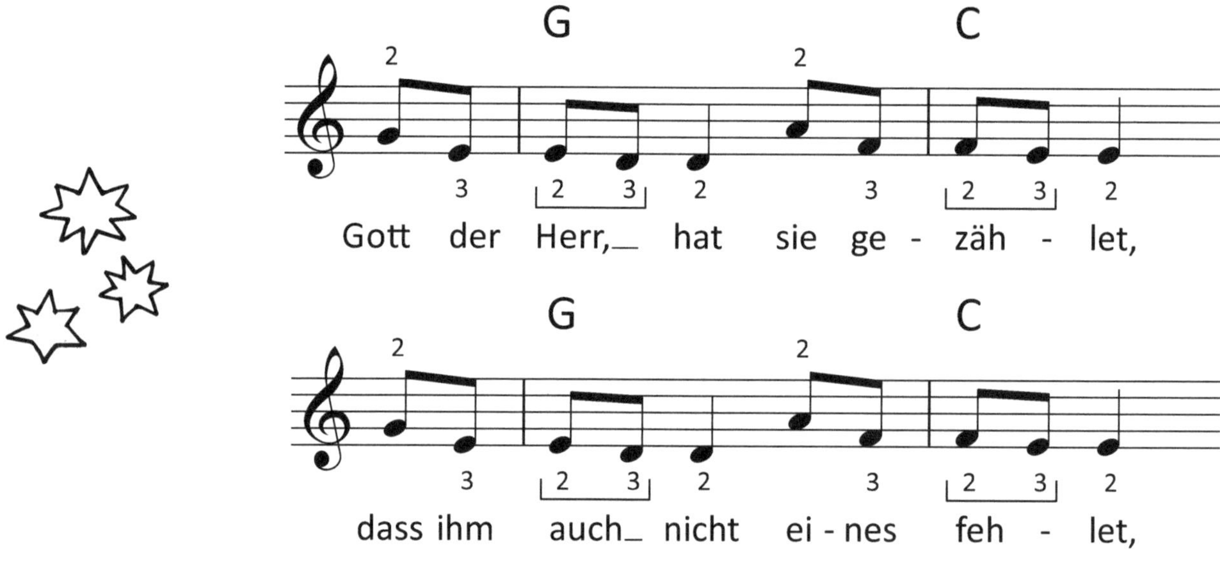

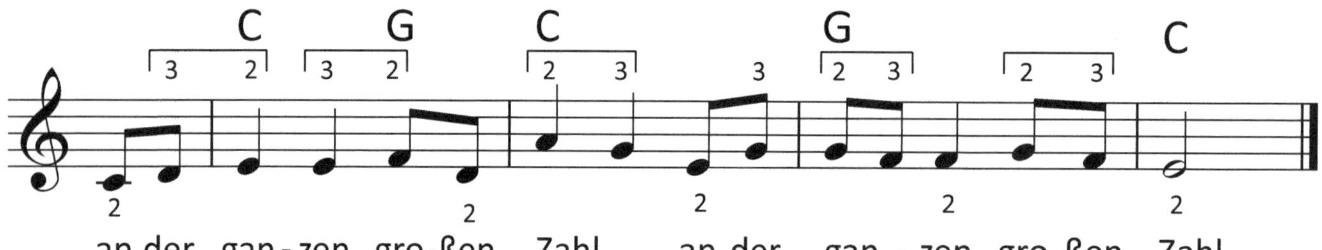

2. Weißt du, wie viel Mücklein spielen
in der heißen Sonnenglut,
wie viel Fischlein auch sich kühlen
in der hellen Wasserflut?
Gott der Herr rief sie mit Namen,
dass sie all ins Leben kamen,
dass sie nun so fröhlich sind.

3. Weißt du, wie viel Kinder frühe
stehn aus ihren Bettlein auf,
dass sie ohne Sorg und Mühe
fröhlich sind im Tageslauf?
Gott im Himmel hat an allen
seine Lust, sein Wohlgefallen,
kennt auch dich und hat dich lieb.

48. Und in dem Schneegebirge

aus Schlesien

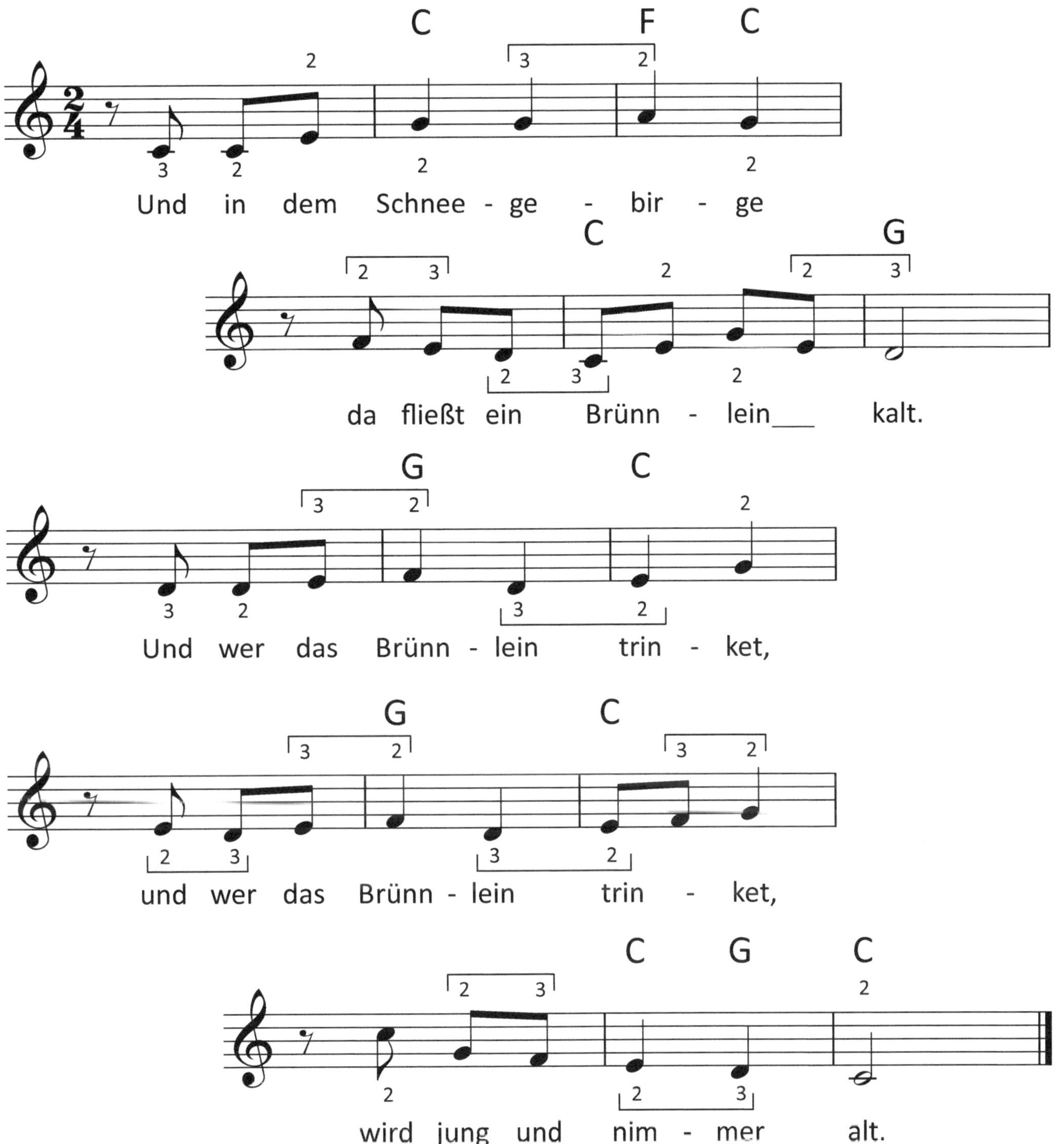

2. Ich hab daraus getrunken
gar manchen kühlen Trunk.
Ich bin nicht alt geworden,
ich bin noch allzeit jung.

3. Ade, mein Schatz, ich scheide.
Ade, mein Schätzelein!
Wann kommst du aber wieder,
Herzallerliebste mein?

4. Wenn's schneiet rote Rosen
und regnet kühlen Wein.
dann komm' ich aber wieder,
ade, mein Schätzelein!

5. Es schneit ja keine Rosen
und regnet keinen Wein:
so kommst du auch nicht wieder,
Herzallerliebster mein!

49. One Little Copper

aus Amerika

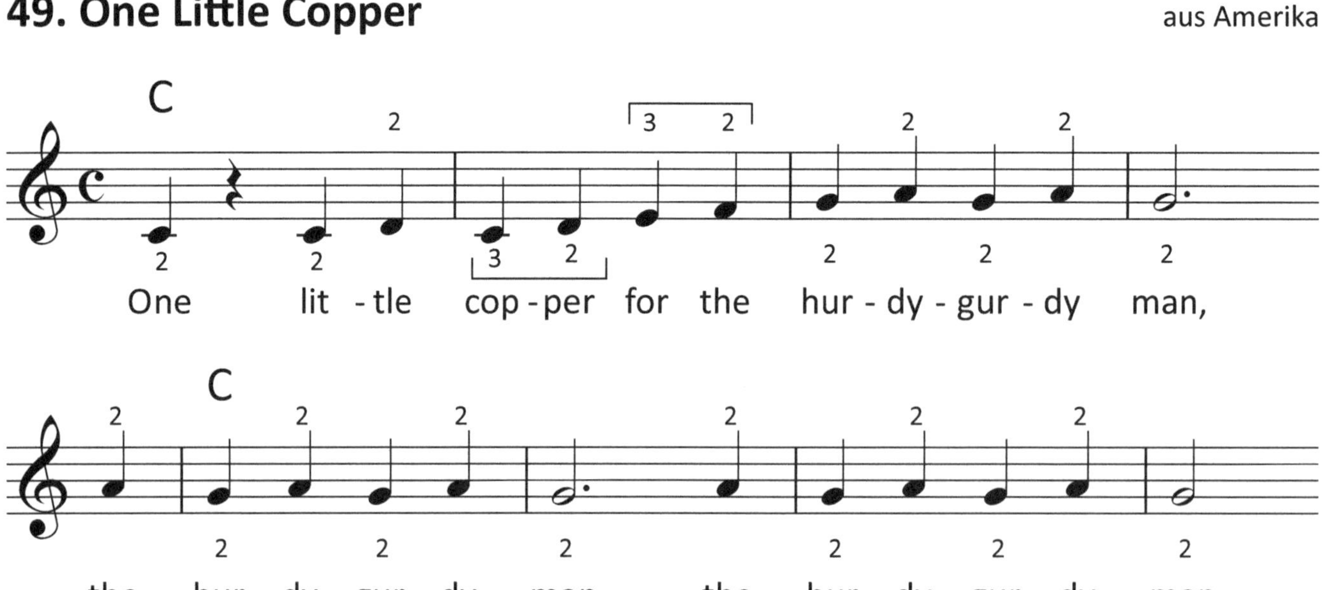

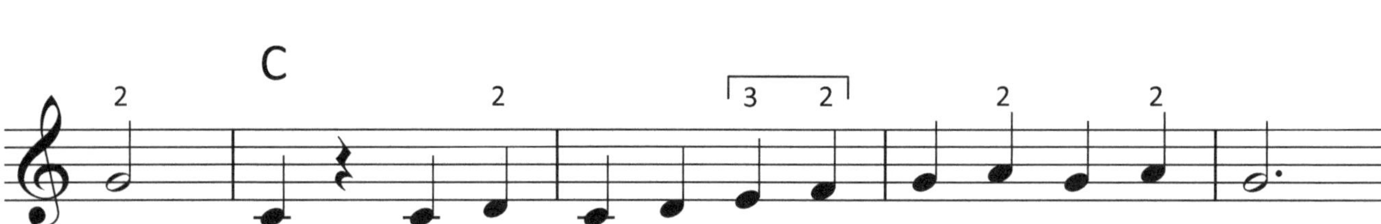

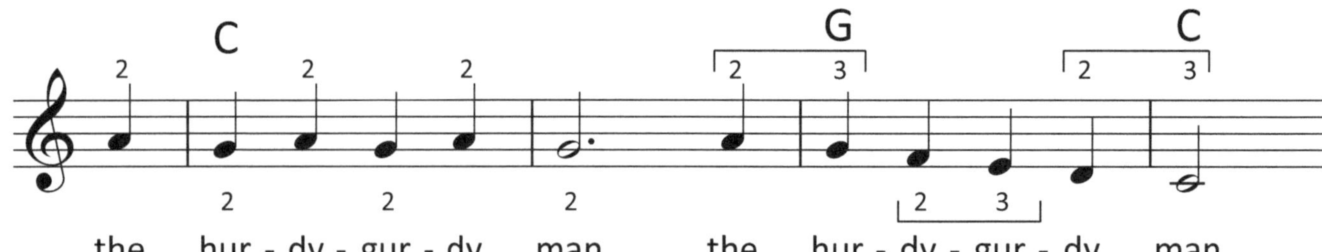

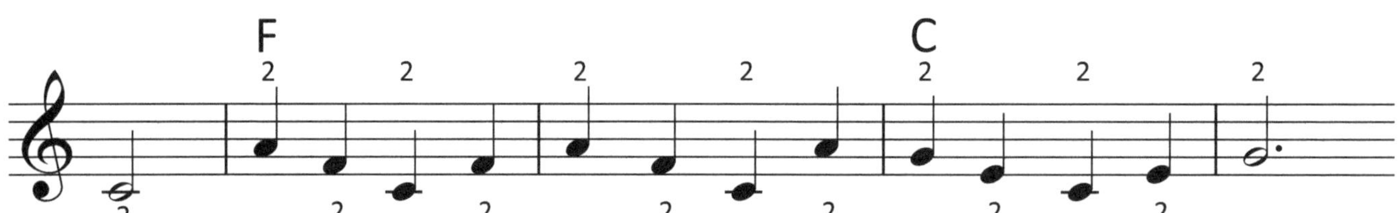

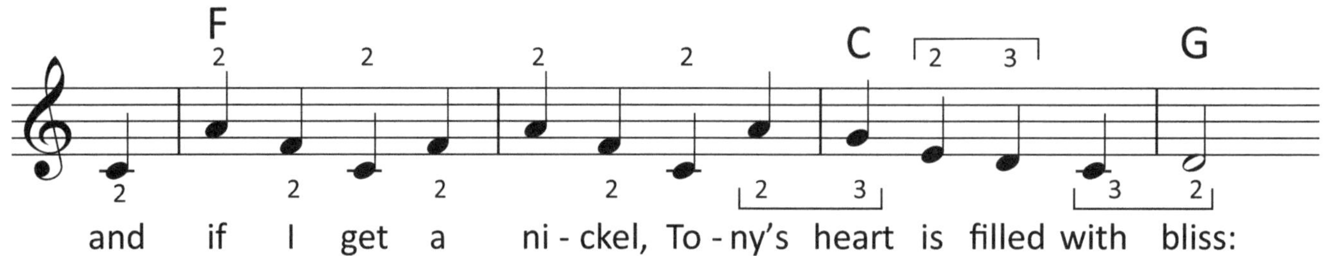

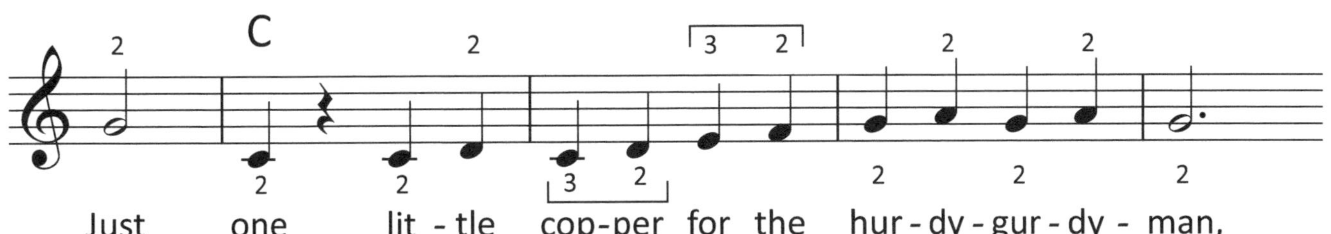

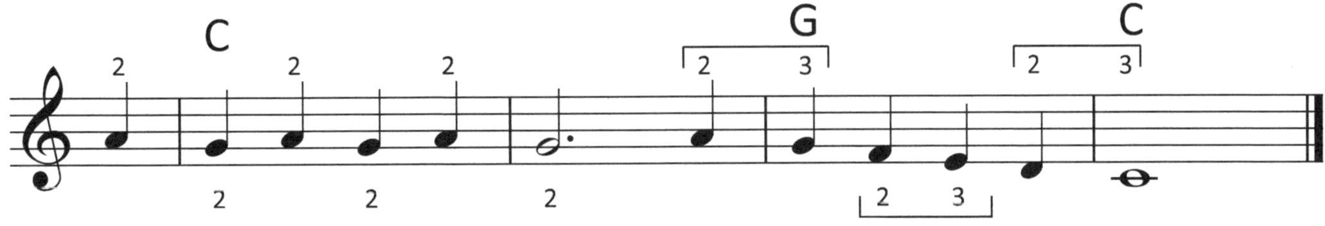

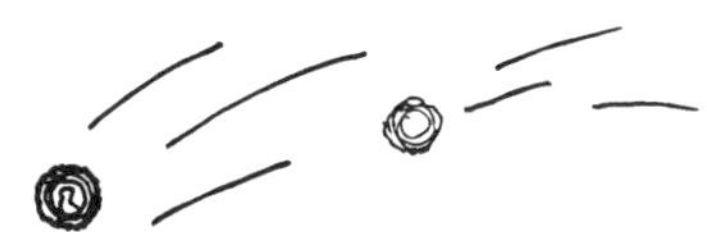

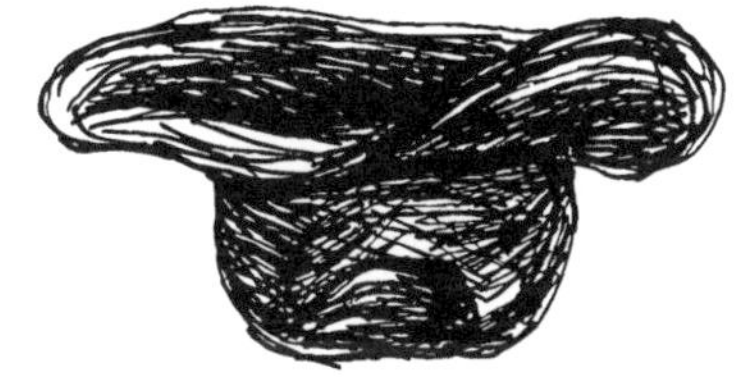

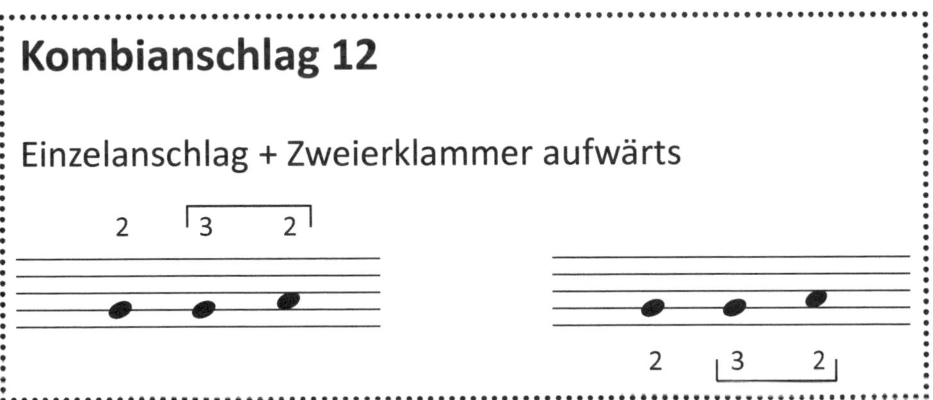

Kombianschlag 12

Einzelanschlag + Zweierklammer aufwärts

50. The Keeper

aus England

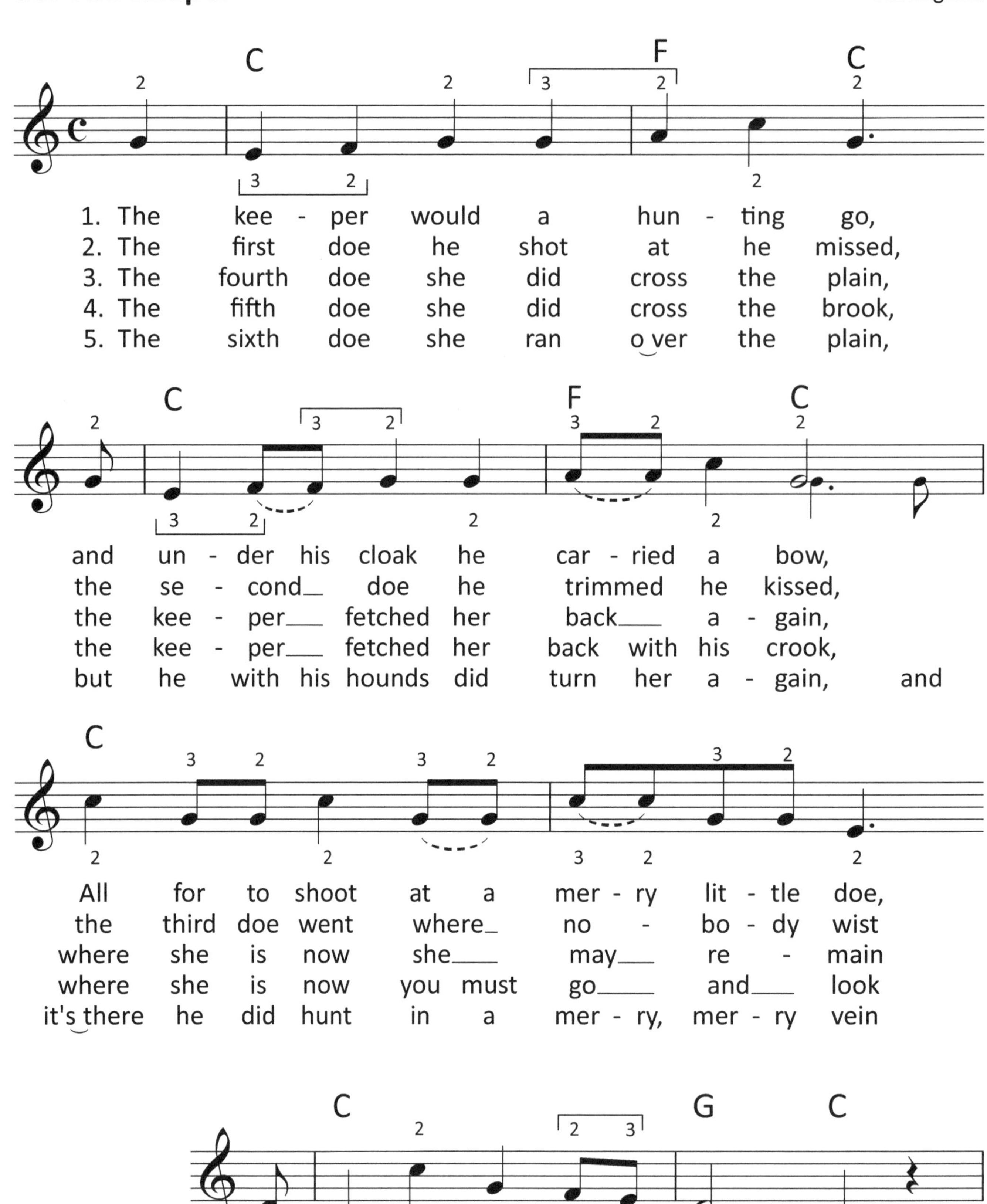

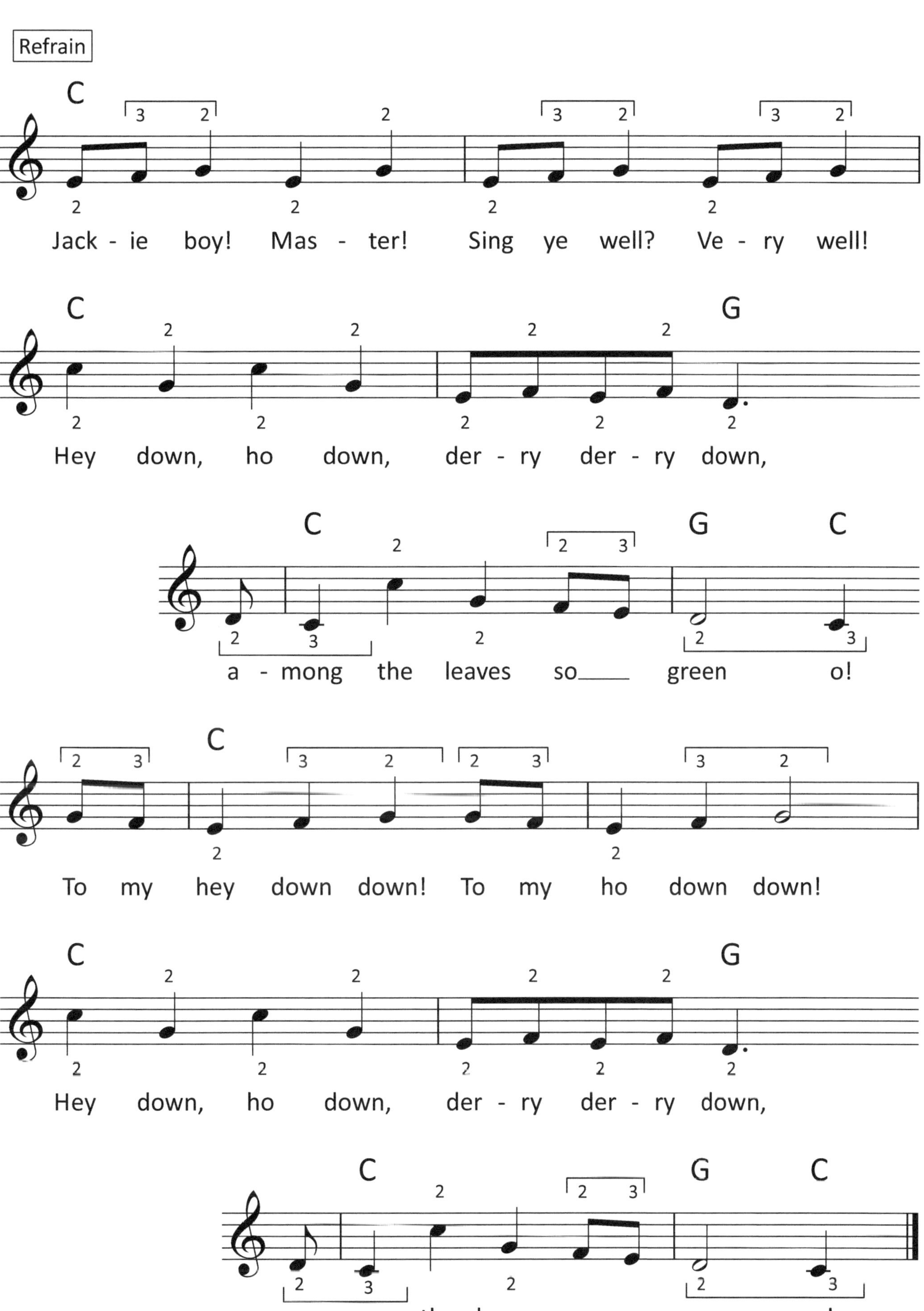
Refrain
C
Jack - ie boy! Mas - ter! Sing ye well? Ve - ry well!
C
G
Hey down, ho down, der - ry der - ry down,
C
G
C
a - mong the leaves so___ green o!
C
To my hey down down! To my ho down down!
C
G
Hey down, ho down, der - ry der - ry down,
C
G
C
a - mong the leaves so___ green - o!

Notenwertblumenwiese

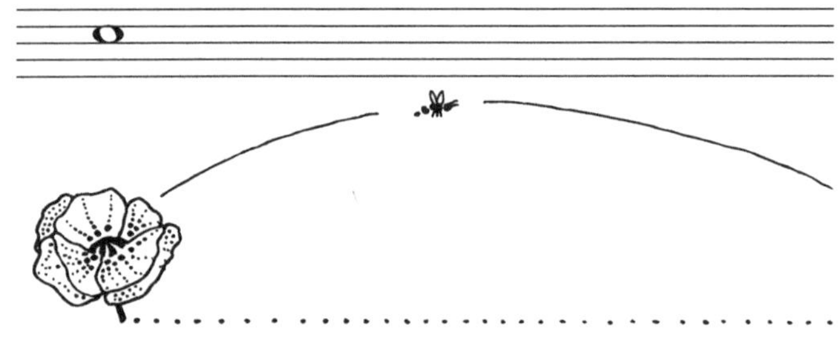

Die Biene fliegt von einer Blüte zu einer weit entfernten. So lange wie sie fliegt, dauert eine *Ganze Note*.

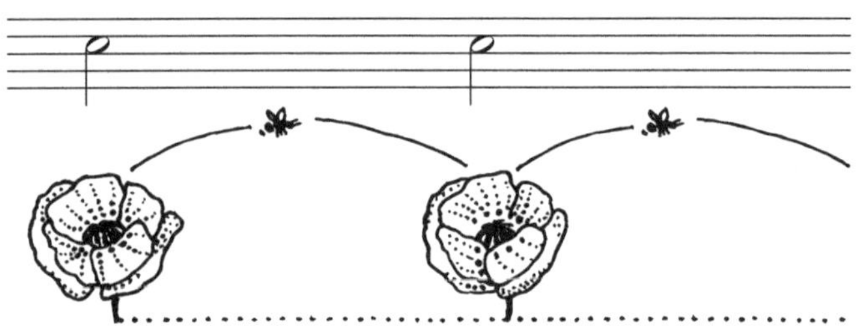

Jetzt macht sie eine kleine Rast auf der Mitte der Strecke. Sie fliegt also nur halb so weit, die *Halbe Note* dauert halb so lange, wie die Ganze Note.

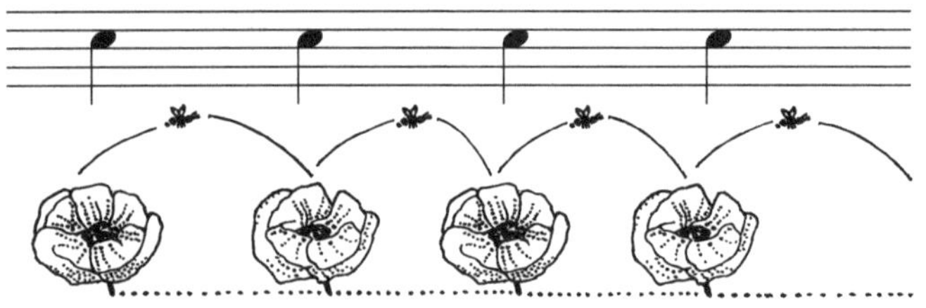

Oder sie hüpft von Blüte zu Blüte, welche ganz nahe beieinander stehen. So lang sind *Viertelnoten*.

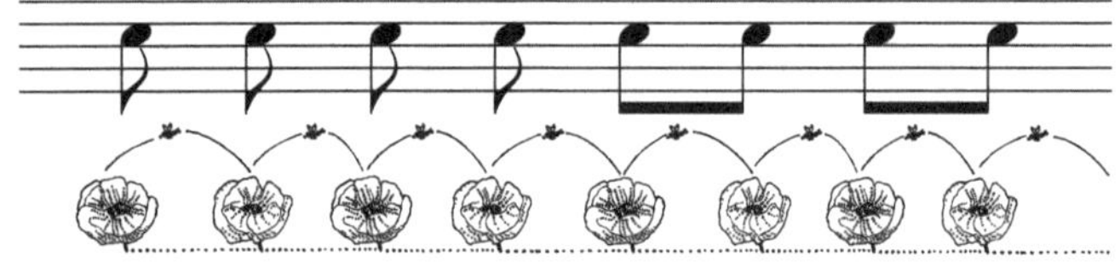

Bei *Achtelnoten* macht sie nur noch einen kleinen Schritt zur nächsten Blüte.

Anders erklärt:
Eine *Ganze Note* ist so lang wie 2 *Halbe Noten* oder 4 *Viertelnoten* oder 8 *Achtelnoten* (mit Balken oder Fähnchen).

Das hast du in diesem Band gelernt:

Die Töne
c′, d′, e′, f′, g′, a′, c′′

Spieltechniken
Einzelanschlag mit dem zweiten Finger
Einzelanschlag mit dem dritten Finger
Wechselanschlag
Wechselanschläge in Ketten
Wechselanschläge mit Sprüngen
Zweierklammern abwärts
Zweierklammern äufwärts
Kombianschläge

Grundlagen der Liedbegleitung
Begleittöne
N.C., no chord
unisono

Vortragszeichen
Ottavazeichen 8va- - - - - - -| 8vb- - - - - - - - -|
Wiederholungszeichen 𝄆 𝄇
tutti
Zäsur ✓
Fermate 𝄐
Da Capo al Fine
Wiederholungshäuschen
Glissando gliss.

Musiklehre
Oktave
Kleine Terz
Quinte (rein und dissonant)

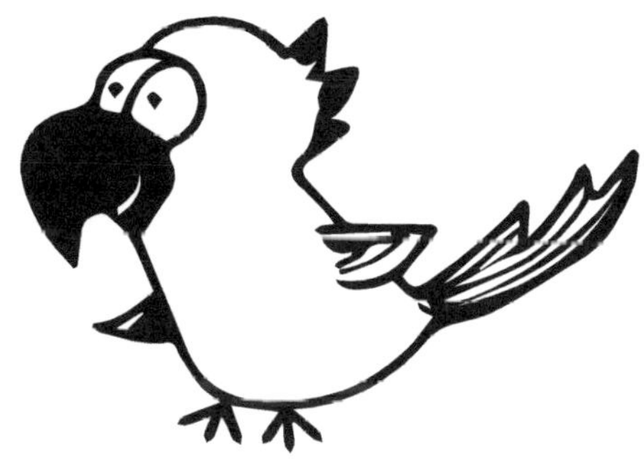